LES ARABISMES DANS LA LANGUE FRANÇAISE (DU MOYEN ÂGE À NOS JOURS)

Pubblicazione realizzata con il contributo dell'Istituto di Studi storici, sociologici e linguistici dell'Università degli Studi di Ancona.

Majid EL HOUSSI

LES ARABISMES DANS LA LANGUE FRANÇAISE (DU MOYEN ÂGE À NOS JOURS)

L'Harmattan Italia
via degli Artisti 15
10124 Torino

L'Harmattan
5-7, rue de l'École Polytechnique
75005 Paris

“ L’emprunt, considéré jadis comme un accident, sinon comme un fait pathologique, est au contraire un phénomène essentiel de la vie du langage : sur le terrain linguistique, il représente l’échange international ; il est le résultat de toutes les relations entre les peuples. ”
Albert Dauzat, *Histoire de la langue française*

INTRODUCTION

" Car ceste Histoire merite d'etre cornée
aux aureilles d'une longue posterite " (Estienne Pasquier)

Les études scientifiques les plus sévères et les plus raffinées ont montré que la connaissance de la masse plutôt vaste de voix passées de l'arabe dans les langues romanes se sont remarquablement enrichies et précisées en ces deux derniers siècles. Les dictionnaires étymologiques les plus modernes (1) appliquent aujourd'hui une méthodologie ou suivent plutôt un module (2) qui tend à nous rapporter les réponses les plus exhaustives à de précises exigences de la caractérisation de l'évolution diachronique des valeurs sémantiques ainsi que l'affectation de tout signe linguistique dans son emplacement culturel adéquat. Ces dictionnaires visent par leurs enquêtes un but bien défini, celui de nous restituer un condensé de l'histoire de chaque voix, du moins là où les témoignages documentaires le consentent. En d'autres termes, ils tentent de reparcourir sous nos yeux les étapes par lesquelles ces voix ont été acquises, les intermédiations ethno- et sociolinguistiques auxquelles elles ont été soumises, les voies de pénétration qu'elles ont suivies, etc. Ce sont là, somme toute, de nombreux facteurs, qui ont pu concourir à alterner la structure formelle de ces voix, à les décharger de quelques traits connotatifs ou à les enrichir par d'autres.

Chaque synthèse apporte avec elle, comme l'on sait, l'inévitable omission de données qui auraient servi à une recherche autrement ciblée, bien que la concision d'un dictionnaire étymologique soit, on le recommande, toujours justifiée. D'où la contrainte du chercheur à effectuer le plus souvent d'autres enquêtes personnelles ; car il arrive, à moins que ce dernier ne se retrouve devant des dictionnaires historiques complets - ce qui est peu probable - qu'entre l'indication de la plus ancienne attestation d'un emprunt lexical et celle de sa présence actuelle dans la langue, s'interpose un hiatus qui laisse le lecteur le plus souvent dans l'ignorance sur la continuité de vie du vocable ou sur sa nouvelle transformation possible (3).

Or, il y a là un préjudice, pour celui qui s'occupe d'emprunts lexicaux, à relever. C'est le fait de décider quels sont les éléments qui n'appartiennent pas au patrimoine héréditaire mais qu'il faut prendre en considération, et quels sont ceux à écarter, aussi rarement qu'ils soient apparus sur la scène de la communication ou de l'écriture ; mais encore, une discrimination précise entre des vocables que l'usage commun a accueillis et des vocables demeurés étrangers à lui, peut-elle ne pas être totalement satisfaisante, même si elle a satisfait la compétence linguistique ; à ajouter que la chose devient également compliquée, lorsque le choix concernant les états passés de la langue se fonde sur des témoignages extrêmement faibles.

Au musée de la critique, il y a les travaux du linguiste italien Tavani qui a voulu fixer, surtout dans *Termini marinareschi africani ed asiatici nelle relazioni portoghesi di naufraghi* (4), un principe méthodologique fort intéressant. Il a observé que la première attestation d'un emprunt lexical n'implique pas nécessairement une acception effective de la part des usagers. Ce n'est là, soutient-il, qu'un élément indicatif de sa disponibilité potentielle et que seuls les témoignages que l'on puise à partir des produits littéraires de large consommation peuvent offrir des informations plus adéquates sur la circulation de l'emprunt lexical au niveau *popolare*. Ainsi, conclue-t-il, tous ces termes, que l'on trouve encore accompagnés par la description de l'objet, sont à retenir comme non assimilables à la langue d'arrivée et, par conséquent, il faut les considérer comme " quantités de richesses toujours à découvrir " ou " marges de la langue ", voire comme des termes qui, selon son expression, ont échoué sur une espèce d'" *orbita di parcheggio* ". Plus synthétiquement et avec une clarté mineure, ce critère a été également proposé par le linguiste padouan Manlio Cortelazzo concernant, cette fois-ci, les turquismes (5). Les affirmations de nos deux prestigieux linguistes ont soulevé et continuent à soulever chez de nombreux lexicographes ou chercheurs quelques perplexités concernant surtout les arabismes dans les langues romanes (et particulièrement dans la Sicile médiévale) et même pour ce qui concerne l'argument spécifique qui nous retient ici, à savoir : les arabismes dans la langue française. Car, peut-on dire, après ce que viennent de nous signaler les deux linguistes, que ces axiomes sont applicables à tout emprunt lexical? La réponse est indubitablement négative, car " ove non esista una letteratura o altra forma di produzione scritta coeva all'epoca dell'immissione dei prestiti nell'uso comune, come è il caso della Sicilia in buona parte del periodo di azione diretta dell'elemento arabo. Essa resta altresì problematica, sì da costringere, tutto considerato, ad una scelta soggettiva, quando esista il dubbio che preoccupazioni puristiche abbiano inibito l'immissione nella lingua scritta di prestiti ormai consolidati in quella parlata. " (6), commente G. Caracausi.

Le sens qui nous préoccupe ici et préoccupe également Caracausi, est bien la technique du repérage des emprunts lexicaux. C'est là un propos très nouveau, non seulement par rapport aux " arabismi medievali in Sicilia " de notre auteur, mais aussi par rapport à tous les emprunts lexicaux, à tous les dictionnaires étymologiques ou historiques par expansion, en sorte que le commentaire de Caracausi, d'apparence modeste, forme un essai profondément original, apportant cette bonne, cette précieuse nourriture de l'esprit qui naît de la conformité d'une intelligence et d'une interrogation. Il dit notamment qu'il " è impossibile disconoscere almeno nell'ambito dell'indagine (...) l'importanza estrema dei dati cronologici, soprattutto del più antico, relativi a ciascuna delle voci prese in esame. Da una disponibilità sempre maggiore di essi, attraverso lo spoglio delle migliaia e migliaia di carte che giacciono ancora inesplorate negli archivi, potrebbero essere diradate, circa le vie e i canali di penetrazione, singoli o plurimi, dei vari prestiti, quelle zone d'ombra che ancora permangono ".

Une schématisation de telles voies a été prise en examen pendant les années soixante-dix par Ineichen (7), lequel observe que les rapports arabo-romans sont en une " fondamentale solidarietà del mondo mediterraneo, durante il Medioevo ", d'où, ajoute Caracausi : " si possono collocare, da un punto di vista strettamente linguistico, in tre ambienti ben delimitati, anche se parzialmente intersecantisi :

a) ambiente scientifico e dotto, caratterizzato dalla non necessaria presenza dell'arabo *in situ* ;

b) ambiente dei linguaggi a contatto simbiotico, vale a dire *Al-Andalus* e Sicilia ;

c) ambiente dei linguaggi a contatto occasionale, connesso con una espansione mercantile che coinvolge assai più l'Oriente islamico che l'Occidente " (8).

En fait, une description des voies, à travers lesquelles la compénétration osmotique entre monde islamique et chrétien occidental s'exerça au Moyen âge, avait été longuement étudiée par Steiger (*Aufmarschstrassen*) suivant des axes plus ou moins analogues à ceux que nous venons d'énoncer. Il s'agit d'un essai richement documenté qu'Ineichen avait lu et commenté plutôt négativement mais que Pellegrini avait favorablement apprécié pour la rigueur et la clarté avec lesquelles Steiger manie une problématique, soutient-il, " così feconda di sviluppi ".

En deçà, demeure paradoxalement quasi inexploré (et peut-être assez difficilement explorable) l'ensemble des influences de retour des parlers de certaines républiques italiennes de mer (gravides d'arabismes) sur les langues romanes, sur d'autres parlers de l'intérieur de la péninsule italienne, sur certaines langues nationales de l'Europe méridionale et centrale. Nous pensons, bien sûr, aux républiques de Gênes, de Pise, d'Amalfi et surtout de Venise (sur cette dernière, voir le magnifique essai de G. Folena, *Introduzione al veneziano " de là da mar "* (9) qui furent, selon les historiens de la langue, des véhicules privilégiés d'arabismes et/ou de leurs variantes orientales. Grâce à leur fréquentation assidue de la côte méridionale de la Méditerranée.

Et si l'on passe directement aux cas particuliers, la question des voies de pénétration des arabismes en Occident tend à s'imbriquer. Au fur et à mesure que l'on aborde singulièrement les pays de la romanité ; c'est-à-dire là où on veut déterminer le *quand* et le *comment* eurent lieu ces arabismes mais aussi le *quand* et le *comment* ces mêmes régions les passèrent entre elles (en Méditerranée) ou à d'autres, plus lointaines même linguistiquement (10). C'est-à-dire à travers quels réseaux embrouillés de rapports d'alternances et de superpositions de variantes formelles et sémantiques. Le problème est évidemment celui de l'identification des trajets que firent ces lexèmes arabes, leurs séjours dans telle ou telle langue, leurs transformations, etc., surtout pour l'évaluation de leur interaction linguistique (11).

Considérons, par exemple, la pénétration des arabismes en France, d'après la note que nous avons relevée dans le *Dictionnaire étymologique Larousse*. Elle dit très bien l'importance du contexte : " Dès avant le XIIème siècle, les relations commerciales instaurées entre les ports de Provence et du Languedoc, d'une part, l'Afrique du Nord et le Proche-Orient, d'autre part, avaient fait pénétrer dans les parlers d'oc, puis, partiellement, dans les parlers d'oïl, des mots orientaux, *arabes* ou *byzantins*. Le phénomène s'est accru au temps des Croisades. L'italien a pu jouer également un rôle d'intermédiaire ; de même le latin scientifique, en raison de l'avancement des mathématiques et de la médecine dans le monde arabe. Ainsi nous sont parvenus des mots d'usage constant, tels que, *chiffre, zéro* (issus de deux inscriptions différentes de *sifr*, zéro, proprement vide). *Amiral, alchimie, algèbre*, etc. " (12). Ces arabismes lui donnent désormais le goût, la saveur, c'est-à-dire " l'air de conformité avec la vérité ". Ils sont le fondement naturel d'une fréquentation qui a eu lieu, il y a presque mille ans et qui a continué à travers les âges ; elle continue avec parcimonie aujourd'hui dans l'invention, la disposition et l'expression des idées. Miracle également d'un rationalisme français qui installe cette stabilité dans la physiologie de (sa) nation et qui fait dire à Alfred Fouillé : " La langue d'une nation est à son caractère ce que les traits du visage sont au caractère de l'individu : la philologie est une physionomie " (13). De la langue, l'évaluation glisse vers les gens. Terrain favorable aux " narcissismes des petites différences " dont parle Freud, dans *Malaise dans la civilisation*. Là, l'évaluation du linguiste descripteur peut porter sur une norme qui engage une relation de prestige. Pour en rester là, il faut passer à une théorie d'ensemble, à une théorie critique. De la langue, l'évaluation passe à la culture : " toutes les langues du monde, dans l'état actuel de leur lexique, ne permettent pas aujourd'hui d'écrire un traité de physique nucléaire (14) ", nous avertit Jean Michel Eloy. Affaire d'acquisition des techniques, hier comme aujourd'hui. Le japonais japonise, avec une facilité étonnante les termes américains : le *personal computer* est devenu au pas de la modernité, *pasocon*, qui est très japonais. Il y a dans cette comparaison une circularité, celle qui réside depuis toujours dans la subjectivité du rapport à une autre langue (langue dominante, le plus souvent). Sans compter celle qui va de la langue au peuple, et du peuple à la langue.

C'est décidément depuis quelques années et grâce surtout aux travaux de linguistique historique de Pellegrini sur les " repubbliche marinare " que, remontant l'histoire, l'on a trouvé en l'Ile de Sicile le foyer médiéval des arabismes, le premier centre de rayonnement des arabismes en Méditerranée (15), du moins. Sur ce fond, beaucoup de vocables témoignent significativement encore de ses influences : dans la péninsule italienne, en France, en Espagne, etc. (16) - à rappeler donc que la Sicile (17) comptait alors parmi ses habitants parlant l'arabe, une population importante venant du Maghreb, à savoir des arabes, des berbères et des juifs de l'Ifriqiya (la Tunisie) et, plus tard, de l'Espagne. Ces derniers, chassés par la *Reconquista*, trouvèrent refuge au Maghreb, en Sicile (18) et même dans la péninsule italienne (jusque sur la côte adriatique). Ajoutons enfin que la France a été, elle aussi exportatrice en cette région méditerranéenne de quelques arabismes par le moyen du provençal et au temps des Normands en Sicile (19).

En ce qui concerne la distinction entre les voix empruntées primitivement à la péninsule ibérique et les voix empruntées ailleurs, c'est désormais une nécessité pour le chercheur de se référer à la remarquable tendance des langues ibérienoromanes à agglutiner leurs emprunts lexicaux de l'arabe l'article de cette même langue : *al-*. Le phénomène plutôt modéré en catalan assume cependant en espagnol et en portugais l'importance d'une véritable marque - sans cette tendance qu'on a l'habitude de lui attribuer, il n'intéresserait qu'une quantité fort négligeable d'emprunts. Il a suscité pourtant assez d'intérêt chez les chercheurs ; ce qui les a incité, le plus souvent pour un grand désir de logique, à lui fournir une explication adéquate. C'est le type de l'accident inconscient, qui a été arrêté par les grammairiens lorsque s'est constituée une langue normalisée. L'opinion exprimée par Steiger (ouvrage cité) que les arabismes ayant l'article agglutiné remontent à la tradition de l'écrit alors que ceux sans article à la tradition orale est tellement faible qu'un contrôle sur les faits pourrait la faire échouer aussitôt ; et Steiger, conscient de cela, l'a tout naturellement abandonnée, quelque temps après. Selon une autre théorie qu'on attribue cette fois-ci à Elcock (20), le fait que la plupart des emprunts ibériques, " tranne se assunti direttamente da fonti letterarie, venivano accolti nella forma con l'articolo arabo *al* " devraient être attribués à l'intervention des Berbères, lesquels, par leurs deux dynasties, participèrent largement à l'occupation de cette péninsule (21) et qui, selon Steiger (22), " debieron representar la rebosante mayoría de las columnas invasoras ". Leurs parlers reportaient, en effet, par leurs emprunts de l'arabe, l'article régulièrement agglutiné. Partant de ce concept, Lüdtke (23) a défini l'isoglosse qui sépare les langues où les emprunts arabes ont subi l'agglutination des autres qui ne présentent pas tel phénomène, pour dire enfin qu'on ne doit ici cette différence qu'aux influences de quelques éléments berbères arabisés (24).

Ceci dit, il nous a semblé donc intéressant de consacrer une étude systématique aux emprunts lexicaux faits par le français à l'arabe classique ou aux différentes formes dialectales de l'arabe, des origines jusqu'au XXème siècle. Les études précédentes avaient, d'après nous, sous-estimé l'influence de l'arabe qui, tout au cours des siècles, a infusé au français à doses régulières (directement ou indirectement) son contingent de lexèmes malgré les alarmantes affirmations de Fernand Brunot (25). Le dialecte de la tribu Quraych bénéficiant de la révélation coranique du prophète Muhammed, semble avoir été le creuset de la nouvelle *koiné* qui devint en peu de siècles la plus importante langue de culture au Moyen âge. Cette promotion de l'arabe classique au statut de langue officielle et de culture à dimension universelle, n'est pas un fait unique dans l'histoire : le grec, le latin, le sanscrit, les langues européennes modernes ont connu, à des degrés divers, un destin similaire. Les linguistes arabes anciens avaient entrepris de parcourir la péninsule arabique pour recueillir les faits de langues auprès des tribus ayant un "bon usage" pour disposer d'un corpus représentatif et suffisamment abondant pour la description et la codification de l'arabe et pour la confection des dictionnaires. C'est quasiment la même démarche que nous observons chez les encyclopédistes du XVIIIème siècle en France, lorsqu'ils ont entrepris de consigner le vocabulaire des métiers. Il est indéniable qu'une telle démarche a un impact direct non seulement sur le développement de la langue, mais également sur le développement du savoir qui est à la base du développement intégral. Cette activité linguistique a été enrichie dans une large mesure par une activité de traduction vers l'arabe à partir du syriaque et du persan puis surtout du grec. La traduction a atteint son apogée avec le développement de la grande bibliothèque Beït al-Hikma " maison de la sagesse " sous le calife abbasside al-Mamoun dès le IXème siècle.

L'Europe suivra le même processus en traduisant de l'arabe en latin et puis dans les langues vernaculaires, ce que d'abord l'arabe a traduit du grec et puis du grec ce dont elle avait besoin pour se consolider et se développer. Quand on observe le XIXème siècle (26) français, le sens de continuité est lié à la colonisation des pays du Maghreb, aux voyageurs-écrivains français qui se sont rendus dans ces régions depuis la guerre napoléonienne d'Egypte, comme nous l'avons souligné plus haut (§ 2), et après les indépendances de ces régions, tout compte fait, à l'immigration maghrébine aujourd'hui nombreuse en France et dans les pays francophones d'Europe. Nous proposons par conséquent ici une liste visant à l'exhaustivité des mots attestés par quelques dictionnaires français et définitivement intégrés dans le système. Cette liste comporte 546 mots touchant les principaux thèmes qui ont pour objet l'homme, ses activités vitales, intellectuelles et professionnelles, sa vie morale et religieuse, sa société et son environnement, etc. Elle est tirée notamment de trois grands dictionnaires qui font aujourd'hui école, à notre avis, dans ce domaine, à savoir : *Le Grand Larousse de la Langue Française* (7 volumes) ; *Le Grand Robert de la Langue Française* (9 volumes) et *Le Trésor de la Langue Française* (13 volumes). Nous l'avons, certes, vérifiée en consultant parallèlement *Le Dictionnaire Etymologique de la Langue Française*, *Le Dictionnaire historique de la langue française* d'Alain Rey, la liste proposée par P. Guiraud dans ses ouvrages *Les mots étrangers* (1965) et le *Dictionnaire des étymologies obscures* (1982), ainsi que les travaux de linguistique historique et de philologie de tous ceux qui se sont intéressés aux emprunts lexicaux, notamment aux arabismes (avec les datations et les documents lexicographiques) et que nous avons ponctuellement reportés dans notre bibliographie générale.

D'autre part, dans les limites réduites qui sont celles d'un dictionnaire historique spécifique, les indications chronologiques de base correspondent à la forme écrite et à l'orthographe définitive attestée par les dictionnaires, bien que certains mots d'origine arabe soient entrés bien avant dans la langue, mais sous d'autres formes graphiques - il n'y avait pas alors de critères fixes ni de normalisation phonétique concernant les mots étrangers, surtout arabes ; nous l'avons maintes fois signalé dans nos travaux sur les écrits des voyageurs du XIXème siècle et particulièrement dans notre livre : *L'Image du Maghreb dans les Lettres françaises du XIXème siècle* (1994). Quand le mot apparaît avec une forme nettement différente de sa forme actuelle, cette forme a été signalée. Cette variante graphique correspond à la première attestation connue du mot arabe. Le mot comprend parfois une date par variante, dans l'ordre de présentation [ex. *Jarde* : zarde (1516) ; jardon (1642). Ou encore *Alcavale* : alcavala, alacabala]. Certains mots homographes sont suivis d'un chiffre romain entre parenthèses [ex. *Kanoun* (I) ; *Kanoun* (II)]. Cela permet au lecteur d'étudier l'intégration phonologique et morphosyntaxique des emprunts. Nous avons donné également, et autant que possible, la transcription orthographique en arabe (cf. prononciation actuelle des mots arabes, au début de ce dictionnaire) ou en d'autres langues, lorsque le mot a transité indirectement par ces langues avant d'arriver au français - les mots dont l'origine arabe est douteuse sont suivis d'un point d'interrogation. Il va de soi que la conjoncture doit reposer dans un travail de ce genre sur une analyse de phonétique et de morphologie historiques. Tout mot a obéi, dans une grande mesure, aux mécanismes généraux qui ont provoqué les changements de la prononciation et des structures morphologiques, successivement dans la langue d'origine, puis dans la langue française. Ces mécanismes, répétons-le, ont été fréquemment troublés par des altérations analogiques, des rapprochements morpho-sémantiques, des contacts entre langues et dialectes de structures linguistiques différentes. "Lorsqu'un mot et son prototype supposé s'accordent sur une racine commune, par le sens, ainsi qu'aux points de vue de la géographie et de l'histoire, si, dans la forme, on est arrêté par un obstacle d'ordre phonétique, l'étymologie n'est pas rejetée *ipso facto*", nous dit Larousse (27). "Il y a lieu d'examiner si une altération doit avoir raison d'être, appartenir à un type connu : elle ne saurait être imaginée pour le besoin d'une hypothèse ". C'est ce que nous avons établi pour notre travail. Pour la datation donc la première attestation du mot est indiquée soit sous la forme d'une date (suivie dans les notes de la référence à l'ouvrage ou aux ouvrages où l'on a retrouvé le premier emploi - dans une approche non analogique, on a associé les autres langues romanes ainsi que la grecque et la latine), soit sous la forme d'une indication chronologique approximative, lorsqu'elle ne se réfère pas de manière précise à un texte. Compte tenu des traitements informatiques, nous avons remplacé les dates imprécises, tels que " Début ", " Milieu ", " Fin de " (x) siècle, ou (x) siècle par des dates en chiffre arabe, comme le cas pour tout le reste des entrées. Ainsi (1200) est lu XIIIème siècle ; (1800) - où (D), (M), (F) correspondent au code d'identification de siècle - sont lus respectivement : début, milieu et fin XIXème siècle. Les mots considérés comme de date inconnue (d.i.) sont également remplacés par (0000).

Dans ce travail, à côté des mots de la langue écrite, il y a des termes et des expressions de la langue familière, c'est-à-dire de la langue parlée courante, de la langue de la conversation de gens cultivés ou moyennement cultivés et de la langue écrite un peu libre. L'objet d'un tel travail, n'est pas de donner la signification actuelle des mots répertoriés ni même de décrire l'aire sémantique actuelle des mots : elle est supposée connue des lecteurs, et ceux-ci peuvent en trouver le(s) détail(s) dans un dictionnaire de langue comme le *Lexis ;* mais, quand cela en a valu la peine, nous avons donné la signification originale entre guillemets du mot arabe [ex. Baroud, " poudre à feu "] ou de son intermédiaire persan [ex. Bustan, " lieu des odeurs "] ou autre [ex. Qirbâch, " fouet en cuir "]. Nous avons, en outre, utilisé, autant qu'il était possible, des termes génériques pour classer les mots par catégories notionnelles, à savoir : la vie ; la religion ; les institutions ; la terminologie militaire ; le commerce et la marine ; les minéraux et les produits d'origine arabe; les techniques dans l'irrigation ; la botanique (plantes et fruits) et les produits végétaux ; la zoologie (les animaux, les oiseaux et les poissons) ; l'habitation, les monuments et les techniques architecturales arabes ; la science arabe (médecine, chimie, pharmacie et astrologie) ; les jeux et les loisirs ; le costume arabe ; l'art culinaire ; la musique ; la littérature. Cette classification a l'avantage de situer les domaines dans lesquels l'influence de la langue prêteuse, dans ce cas l'arabe, est la plus importante. Elle donne également un aperçu sur la nature des contacts entre l'arabe et le français. Pour les sources, on a signalé exclusivement les trois principaux dictionnaires cités plus haut dont la langue française dispose aujourd'hui ; mais encore d'autres dictionnaires ou études lexicographiques que nous avons mis dans notre bibliographie générale, pour mieux suivre le parcours de l'attestation d'un emprunt lexical. Cela permet, d'une part, de comparer les attitudes de toutes sortes (libérale, sélective, de rejet) envers les emprunts arabes et de tenir compte, d'autre part, des voies de pénétration tant sociales que géographiques ainsi que des intermédiaires par lesquels le mot arabe est parvenu au français, à savoir les langues étrangères, que nous avons nommées une à une dans des notes spécifiques apposées à certains vocables et même dans un chapitre à part, et les dialectes arabes anciens et modernes (28). Nous avons classé notre liste par ordre chronologique. Cette méthode permet de mieux coordonner les remarques historiques et parfois linguistiques, afin d'avoir une vue d'ensemble sur l'histoire des emprunts arabes.

Ce travail a été conçu dans la foulée de tous nos travaux dédiés dernièrement à des études génétiques de l'œuvre d'auteurs français du XIXème siècle ayant séjourné dans les pays arabes, pour fournir au lecteur d'aujourd'hui une base de données suffisamment exhaustive et consultable en base de données pour entreprendre des recherches personnelles et opportunes en vue d'enrichir les travaux déjà existants, comme l'atteste si bien notre bibliographie générale.

L'Auteur

PRONONCIATION DES MOTS ARABES

La prononciation indiquée ci-après est celle de l'arabe en contexte isolé. Il s'agit d'une part de l'arabe classique dont le système vocalique est décrit comme étant composé de 6 phonèmes. A chacune des voyelles brèves, [i], [u], [a] correspond une voyelle longue [i:], [u:], [a:]. D'autre part, certains dialectes arabes connaissent quelques voyelles nouvelles d'aperture moyenne tels que [e] et [o].

L'arabe classique, ainsi que certains dialectes Nord-Africains (Algérie, Maroc, Tunisie) possèdent le même système consonantique comprenant 28 consonnes y compris les semi-voyelles, à l'exception du phonème /g/ qui est propre aux dialectes arabes.

La prononciation des sons est celle de l'API.

voyelles orales	*signes phonétiques*	*signes graphiques*	*exemples*
	[i, i:]	i, î, i:	muslim
			fantasîa
			bindi:r
	[E, E:]	e, e:	turbeh
			ke:fi:ya
	[a, a:]	a, a:	djarad
			mihra:b
	[æ]	â	huggâh
			qirât
	[u, u:]	u, u:	turbeh
			quffa
			ku:fiyya
	[o]	o	moharram
Semi-voyelles	[ya]	y, ai, yy	kamya:
			saqiya
			taiba
			charqiyyi:n
	[w]	w, ww	wahran
			wilâya
			nawwa:b
Consonnes	[']	'	qur'a:n
	[b]	b	ba:bu:ch

[t]	t, th, tt	tbi:b
		tuthia
		marqasi:tta
[j]	j, dj, djdj, jj	jerbu:
		djarra
		ha:djdj
		muhajjar
[è]	th	hadith
[h]	h	hala:f
[x]	kh	chaikh
		kharru:ba
[d]	d	duwwa:r
[ã]	dhdh	mu'hadhdhin
[r]	r, rr	ras
		djarra
[z]	z, zz	zarbiya
		gazzan
[_]	ch, chch	chargi:
		hachcha:chi
[º]	s, ss	dar aº-ºinna
		tassa
[s]	s, ss	sirwa:l
		hari:ssa
[d]	d	qa:di
[t]	t	ta:lib
		chatt
[‘]	`	chiy`i:
[gh]	gh	ghazel
[f]	f, ff	farda
		quffa
[q]	q, qq	qintar
		nâqqara
[g]	g	gurbi
[k]	k	kanu:n
[l]	l, ll	felu:ka
		lalla
[m]	m, mm	mina:ra
		hamma:m
[n]	n, nn	nacha
		sunna
[h]	h	mehri

TABLEAU DES ABRÉVIATIONS

AGEN	ancien gênois
ANVI	ancien vénitien
API	Association Internationale de Phonétique
ar	arabe
arALGR	arabe algérien
arBERB	arabo-berbère
arEGYP	arabe égyptien
arJUAR	judéo-arabe
arLYBI	arabe lybien
arMARO	arabe marocain
arMGRB	arabe maghrébin
arMZAR	mozarabe
arPERS	arabo-persan
arSICU	arabo-siculo
arSYRI	arabe syrien
arTUNS	arabe tunisien
arTURK	arabo-turc
CATL	catalan
DDL	Datations et Documents Lexicographiques
dom	domaine
ESPA	ancien espagnol
ESPL	espagnol
FRAA	ancien français
FRAM	français moyen
FRAN	français
GASC	gascon
GLLF	Grand Larousse de la Langue Française
GR	Grand Robert de la Langue Française
RHLF	Le Robert Historique de la Langue Française
GREC	grec
HIND	hindi
INDN	indien
int	intermédiaires des langues

ITAL	italien
LATN	latin
LATA	latin des alchimistes
LATB	latin des botanistes
LATM	latin médiéval
LATZ	latin zoologique
LOMB	lombard
NEER	néerlandais
PERS	persan
PORT	portugais
PROV	provençal
PRVA	ancien provençal
RUSS	russe
SANK	sanskrit
SICU	siculo
src	sources
TLF	Trésor de la Langue Française
TOSC	toscan
TURC	turc
var	variantes graphiques

CLASSEMENT PAR ORDRE ALPHABETIQUE

Abricot (29) (1512)
ar. Al-barqu:q ;
int. (CATL) albercoc ; (ESPL) albaricoque ; (PORT) albricoque ;
var. aubercot (1512) ;
dom. /Fruit/ - src. GLLF ; TLF ; GR

Afrite (1717)
ar. ʹifri:t, “ grand serpent venimeux, sorte de dragon ” ;
var. ifriet (1842) ; afriet (1842) ; effrit (1910) ; éfrit (1910) ;
dom. /Mythologie arabe/ - src. GLLF ; TLF ; GR.

Alambic (30) (1265)
ar. al-anbi:q ;
int. (ESPL) alambique ; (GREC) ambix ;
dom. /Chimie/ - src. GLLF ; TLF ; GR.

Alaouite (1900)
ar. ‘alawi: ; “ chérifite du Maroc ”
dom. /Histoire arabe/ - src. GR.

Albacore (1535)
ar. MARO, bakûra ;
int. (ESPA) albacora ;
dom. /Ichtyologie/ - src. GR ; TLF.

Alberge (1546)
ar. MZAR, al-berchi:ga, “ pêche ”
int. (CATL) alberge ; (ESPL) alberchiga ; (LATN) persica ;
var. auberge

dom. /Botanique/ - src. GLLF ; TLF ; GR.

Alcade (31) (1549)
ar. al-qa:di, " le magistrat " ;
int. (ESPL) alcalde ;
var. arcade (1323)
dom. /Titre/ - src. GLLF ; TLF ; GR.

Alcali (1509)
ar. al-qalayi. " potasse, soude, plante d'où on extrait la soude " ;
var. (LATM) alkali (1215) ;
dom. /Chimie/ - src. GLLF ; TLF ; GR.

Alcancie (1897)
ar. MGRB, al-kanzîya: ;
int. (ESPL) alcancïa ;
dom. /Histoire/ - src. TFL ; GR.

Alcarazas (1798)
ar. al-karaz, " la gargoulette " ;
int. (ESPL) alcarraza ;
var. carraço (1330) ;
dom. /Céramique, " vase de terre poreuse où l'on met l'eau à rafraîchir (par évaporation) "/ - src. GLLF ; TLF ; GR.

Alcatraz (1556)
ar. al-ghatta:s, " le plongeur " ;
int. (PORT) alcatraz ;
var. alcatrace (1575) ;
dom. /Ornithologie/ - src. GR ; TLF.

Alcavale (32) (1838)
ar. al-qaba:la, " la gabelle ";
int. (ESPL) alcabala ;

var. alcabala (1842) ; alcavala (1842) ;
dom. /Commerce/ - src. TLF.

Alcazar (33) (1866)
ar. al-qasr, “ le château ” ;
int. (ESPL) alcazar ;
var. alcaçar (1699) ;
dom. /Monument arabe/ - src. GLLF ; TLF ; GR.

Alchimie (34) (1275)
ar. al-ki:miya: “ la pierre philosophale ” ;
int. (LATM) alchemia ;
var. alkçmie ; arquemie ;
dom. /Alchimie/ - src. GLLF ; TLF ; GR.

Alcool (35) (1586)
ar. al-kuhl ;
int. (LATA) alkol ;
var. alcohol ; alkohol ; alkol ;
dom. /Chimie/ - src. GLLF ; TLF ; GR.

Alcôve (36) (1646)
ar. al-qubba, “ la coupôle ” ;
int. (ESPL) alcoba ;
dom. /Architecture/ - src. GLLF ; TLF ; GR.

Aldée (1598)
ar. al-dai´ra:, “ village, hameau ” ;
int. (ESPA) aldea (1030); (PORT) aldela ;
dom. /Habitation et Technique architectonique/ - src. GR ; TLF.

Alezan (37) (1534)
ar. al-hisân, “ le cheval ” ;
int. (ESPL) alazan ;
dom. /Hippologie/ - src. GLLF ; TLF ; GR.

Alfa (38)	(1848)
ar.	halfâ: ;
int.	(PROV) elfa ;
dom.	/Botanique/ - src. GLLF ; TLF ; GR.

Alfange	(1615)
ar.	al-handjar, " cimeterre mauresque; couteau " ;
int.	(ESPL) alfanje ;
dom.	/Arme blanche/ - src. GLLF ; GR.

Alfaqui	(1752)
ar.	al-faqîh, " maître coranique " ;
int.	(ESPL) alfaquî ;
dom.	/Religion musulmane/ - src. TLF.

Algarade	(1549)
ar.	al-gha:ra ; al-ghâra, " attaque à main armée " ;
int.	(ESPL) algarada ;
dom.	/Terme militaire pour le combat simulé, joute, discussion vive et inattendue, et en général de peu de durée; d'où le nom alogaver (al-mughwir) 'soldat employé dans un tel combat'/ - src. GLLF ; TLF ; GR., (Pell., 51, 6)

Algarobille	(1947)
ar.	al-harru:ba, " le caroubier " ;
int.	(ESPL) algarobilla ; (ITAL) algarovilla ;
var.	algarobie (1845) ;
dom.	/Botanique/ - src. TLF.

Algazelle	(1782)
ar.	al-ghaza:l, "antilope du Sahara" ;
dom.	/Zoologie/ - src. GLLF ; GR.

Algèbre	(1300 F)
ar.	al-djabr ou Ilm al-djabr wa l-muqâbala,

	"science des réductions et des grandeurs comparables (opposition): *Algebra id est restauratio. Almucabala id est oppositio...*" ;
int.	(LATM) algebra ;
dom.	/Mathématiques/ - src. GLLF ; TLF ; GR ; Gherardo da Cremona (1100) ; Luca Pacioli (1484)

Algérien	(1721)
ar.	al-djaza:'ir, " Algérie " ;
dom.	/Géographie/ - src. GLLF ; TLF ; GR.

Algorithme	(1544)
ar.	al-khawarizmi: " né à Khawarismi, région de l'Asie " ;
int.	(LATM) algorithmus ; (ESPL) alguarismo ;
var.	augorisme (v. 1230) ; algorisme (1534) ;
dom.	/Mathématiques/ - src. GLLF ; TLF ; GR.

Alguazil (39)	(1581)
ar.	al-wazi:r, " le ministre " ;
int.	(ESPL) alguacil ;
var.	agosin (1538) ; alguacil (1555) ;
dom.	/Administration/ - src. GLLF ; TLF.

Alhagi	(1717)
ar.	al-hadja, " meuble, objet précieux " ;
dom.	/Meubles et objets de confort/ - src. GR.

Alhambra	(1831)
ar.	al-hamra, " la pourpre " ;
dom.	/Monument arabe/ - src. TLF.

Alidade	(1415)
ar.	al-'ida:da, " règle graduée " ;
int.	(LATM) alidada ;

var. alhidada (1544) ; alidada (1544) ;
dom. /Topographie: règle graduée, portant un instrument de visée et permettant de mesurer les angles verticaux / - src. GLLF ; TLF ; GR.

Alizari (1827)
ar. al-'usa:ra ?, " opération de broyage " ;
int. (ESPL) alizari ;
var. lizari (1761) ;
dom. /Botanique; racine non encore broyée de la garance / - src. GLLF ; TLF ; GR.

Alkékenge ou
Physalis (1694)
ar. al-ka:kanj, " plante ornementale " ;
int. (PERS) alka:kunadj ;
var. alkacange (1500) ; alquequange (1555) ; alcange (1611) ; alchechange (1611) ; alchequange (1611) ;
dom. /Botanique; plante ornementale, dont le calice est bien accrescent, d'une belle teinte orangée, entoure le fruit/ - src. GLLF ; TLF ; GR.

Alkermès (40) (1575)
ar. al-qirmiz, " rouge de kermès " ;
int. (ESPL) alkermes ; (LATM) carmisinus, carmesinus (1401, 1470) ; carmosinum (1458) ;
var. kermès (1546) ;
dom. /Liqueur/ - src. GLLF ; TLF ; GR.

Allache (1901)
ar. MZAR, lâg ;
int. (ESPL) alache ;
dom. /Ichtyologie/ - src. TLF ; GR.

Allah (1704)

ar. allah ;
dom. /Religion musulmane/ - src. TLF.

Almageste (1265)
ar. al-magisti, " recueil d'observations astronomiques; Cf.: *Almageste* de Ptolomée " ;
dom. /Astronomie/ - src. GLLF ; TLF ; GR.

Almanach (1575)
ar. al-mana:ch, " le climat ", en ar. de Grenade "Horloge solaire" ;
int. (LATM) almanach ; almanachus
var. almenach (1303) ; anemallat (1328) ;
dom. /Livre populaire qui est traduit au XIIIème siècle en Espagne par " Cubile " et " Kalendarium "/ - src. TLF ; GR.

Almée (1785)
ar. 'alm, " savoir " ; 'alima (ar-raqs) ; 'aluma, " instruite (dans la danse) " ;
dom. /Danseuse ou cantatrice orientale, choréographie/ - src. GLLF ; TLF ; GR.

Almicantarat (1660)
ar. al-muqantara:t ;
var. almicantarah (1546) ;
dom. /Astrologie; " cercle imaginé sur la sphère céleste, parallèle à l'horizon " / - src. GLLF ; GR.

Alquifoux (41) (1697)
ar. al-kuhl, " alcool " ;
int. (ESPL) alquifol, " sulfure d'antimoine " ;
dom. /Chimie/ - src. GLLF ; TLF ; GR.

Aludel (1545)
ar. al-'uta:l ;

int.	(ESPL) aludel ;
var.	alutel (1275) ;
dom.	/Chimie/ - src. GLLF ; TLF ; GR.

Amalgame	(1431)
ar.	'amal al-gama:'a, " exécution de la réunion " ;
int.	(LATA) amalgama ;
var.	Algame, " mixition d'or et de mercure " ; algamala, almagala (XVIème S. - Rabelais)
dom.	/Chimie/ - src. GLLF ; TLF ; GR; Devic : FEW XIX.

Aman	(1731)
ar.	MGHB ama:n, " octroi de la vie sauve à un ennemi vaincu " ;
var.	amman ;
dom.	/Religion musulmane/ - src. GLLF ; TLF ; GR.

Ambre	(1268)
ar.	'anbar, 'ambar ;
int.	(LATM) ambar ; ambra ;
dom.	/Substance parfumée/ - src. GLLF ; TLF ; GR.

Amin (42)	(1838)
ar.	ALGR ami:n, " contrôleur " ;
dom.	/Magistrat/ - src. TLF ; GR.

Amiral (43)	(1200)
ar.	amir ar-Râhil. " l'émir voyageur ou du transport par mer " ; ami:r al-'a:li, " l'émir des émirs " ;
var.	amiralt (1080) ;
dom.	/Dignitaire/ - src. GLLF ; TLF ; GR.

Anafin	(1863)
ar.	an-nafi:r ;
dom.	/Instrument de musique/ - src. GLLF.

Anil (1582)
ar. an-nîla ;
int. (PERS) nilä ; (SANK) “ noir ” ;
dom. /Botanique/ - src. GR ; TLF.

Aniline (1826)
ar. PESN, an-ni:la ;
int. (PORT) anil ; (PERS) nilä ;
dom. /Substance employée aujourd’hui dans l’industrie des colorants/ - src. GLLF.

Antimoine (1200)
ar. ‘ithmid, utmid ;
int. (LATM) antimonium ;
dom. /Chimie/ - src. GLLF; TLF; GR ; Costantino Africano;

Araba (1835)
ar. ‘araba, “ véhicule ” ;
var. arbé (1813) ;
dom. /Transport/ - src. GLLF ; TLF ; GR.

Arack ou **Arac/Arak** (1520)
ar. ‘araq, “ sueur ” ;
var. arac ; arach ; arak ; araki ;
dom. /Liqueur de palmier/ - src. GLLF ; TLF ; GR.

Arbi (1863)
ar. MGRB, ‘arabiyy, “ arabe ” ;
dom. /Populations du Monde Arabe/ - src. GR.

Arcanne (1611)
ar. al-hanna, “ l’henné ” ;
int. (LATM) alchanna ;
var. alchanne (1200) ;

dom. /Botanique; plante tinctorielle/ - src. GLLF ; GR.

Argousin (1538)
ar. al-ghuzz, " bourreau " ;
int. (ANVI) alguzin ; (PORT) algoz ;
var. agosin (1400) ; algousan ;
dom. /Bas Officier des galères/ - src. GR.

Arobe ou
Arrobe (1555)
ar. ar-roub`, " le quart " ;
int. (ESPL) arroba ;
var. arroba (1219) ; arrobe (1555) ;
dom. /Mesures, poids et capacité/ - src. GLLF ; TLF ; GR.

Arsenal (44) (1250)
ar. dar as-sina:'a, " la maison du travail " ;
int. (ANVI) arzana ;
var. tarsenal (1250) ;´archenal (1400) ;
dom. /Construction navale/ - src. GLLF ; TLF ; GR.

Artichaut (1530)
ar. al-kharchoûf ;
int. (LOMB) articiocco ; (ITAL) carciofo, carcioffo ;
dom. /Botanique/ - src. GLLF ; TLF ; GR.

Arzel (1605)
ar. ardjal ;
int. (ESPL) argel ;
dom. /Hippologie/ - src. GLLF ; GR.

Asfir (1859)
ar. usufu:r, " oiseau " ;
dom. /Zoologie/ - src. GR.

Askari (1898)
ar. 'askari, " soldat, troupe de soldats " ;
var. ascar ; askar ;
dom. /Terme militaire pour désigner " le soldat indigène des anciennes troupes coloniales allemandes et italiennes "/ - src. GLLF ; GR.

Assaki (1704)
ar. khasseki ;
dom. /Titre/ - src. GR ; TLF.

Assassin (1560)
ar. hachcha:chi: " fumeurs de hachich " ;
int. (ITAL) assassino (1200) ;
dom. /Mœurs/ - src. GLLF ; TLF ; GR.

Aubère (1573)
ar. hubârâ ? ;
int. (ESPL) hobero ;
dom. /Hippologie; se dit d'un cheval dont la robe est mélangé de poils blancs et de poils rouges/ - src. GLLF ; TLF ; GR.

Aubergine (45) (1750)
ar. al-ba:dindja:n ; bâdindjân ;
int. (CATL) albergina ;
dom. /Botanique/ - src. GLLF ; TLF ; GR.

Aval (II) (1675)
ar. al-hawa:la; " mandat, ordre à payer par un tiers, délégation " ;
int. (ITAL) avallo ;
dom. /Commerce/ - src. GLLF ; TLF ; GR ; Dozy (I, 341)

Avanie (46) (1287)
ar. hawwa:n, " mépris " ;

int.	(ITAL) avania ; (ANVI) vanìa, “ impostura, calunnia ” ;
var.	avanye (1557) ; aveinie (1287), “ injure humiliante ” ;
dom.	/Relations avec l’Occident/ - src. GLLF ; TLF ; GR ; FEW XIX ; Dozy (II) ; Cortelazzo ; Pell.
Avarie	(av. 1200)
ar.	ʹawari:ya, “ impôt ” ;
int.	(ITAL) avaria ;
dom.	/Droit maritime/ - src. GLLF ; TLF ; GR ; Pell. ; Cortelazzo
Ayan	(1827)
ar.	ʹaya:n ;
int.	(TURC) aya:n ;
var.	ayam (1835) ;
dom.	/Administration/ - src. GR ; TLF.
Ayatollah (47)	(1978)
ar.	ayât allah, “ verset de Dieu ” ;
dom.	/Titre honorifique donné aux principaux chefs religieux de l’Islam chi‘ite/ - src. GR.
Azédarac	(1694)
ar.	PERS, ‘aza:dirraht ;
var.	azeadarach (1500) ; azadaracht (1561) ;
dom.	/Botanique/ - src. GR ; TLF.
Azerole (48)	(1694)
ar.	az-zu‘ru:r, “ fruit de l’azerolier ” ;
int.	(ESPL) acerola ;
var.	asarole (1553) ; azarole (1562) ; azarolle (1651) ;
dom.	/Botanique/ - src. GR.

Azimut (1680)
ar. as-samt ; sumût, “ le chemin ” ;
int. (ESPL) acimut (1200 F) ;
var. azimuth (1415) ; zénith ;
dom. /Astronomie/ - src. GLLF ; DDL ; GR.

Azote (1751)
ar. MZAR, zauq ;
int. (ESPL) azogue ;
var. azot (1690) ;
dom. /Alchimie/ - src. TLF.

Azucarillo (1838)
ar. sukkar, “ sucre ” ;
int. (ESPL) azucarillo ;
dom. /Commerce/ - src. TLF.

Azulejo (1470)
ar. az-azulara ?, “ adhérer ” ;
int. (ESPL) azulejo ;
dom. /Carreau de faïence émaillée, orné de dessins pour le revêtement des murailles/ - src. GR ; TLF.

Azur (49) (1080)
ar. la:zward ;
int. (LATM) azzurum ; (PERS) lâdjourd ; (ESPL) azul ;
dom. /Minéraux/ - src. GLLF ; TLF ; GR.

Azziminia (1812)
ar. agemina ;
int. (ITAL) azzimina ;
var. azemine (1546) ;
dom. /Damasquinée/ - src. GR.

Baballah (1895)

ar.	MGRB, ʹala-ba:ballah ;
dom.	/Terme populaire/ - src. DDL.
Babouche (50)	(1727)
ar.	ba:bu:ch ;
int.	(PERS) pa:pu:j ; (TURC) pâpush ;
var.	papouch (1542) ; (ITAL) babuc (1600) ;
dom.	/Costume/ - src. GLLF ; TLF ; GR.
Bahr	(1890)
ar.	bahr, " mer " ;
dom.	/Géographie/ - src. GR.
Balais (51)	(1225)
ar.	Balakhtch, " de la région de Balakhchân " ;
int.	(LATM) balagius ; balascius ; palachius ; palatius ;
var.	balois (1228) ;
dom.	/Minéraux/ - src. GLLF ; TLF ; GR.
Baobab	(1775)
ar.	bu: hiba:b, " père des vents ";
var.	bahobab (1751) ;
dom.	/Botanique/ - src. GLLF ; TLF ; GR.
Baraka (52)	(1903)
ar.	baraka," la grâce " ;
dom.	/Religion/ - src. GLLF ; TLF ; GR.
Barbacane (53)	(1160)
ar.	ba:b -al-baqâra ?, " porte de la vache " ;
dom.	/Fortification/ - src. GLLF ; TLF ; GR ; Pell.
Barca !	(1886)
ar.	ALGR, baraka r'las ;
dom.	/Terme populaire pour dire " ça suffit; assez ! Basta ! "/ - src. GLLF ; TLF ; GR.

Barda (1848)
ar. barda`a, “ bât ” ;
var. berdâa ;
dom. /Argot militaire pour désigner “ l’équipement du soldat, et par ext. bagages, chargement ”/ - src. GLLF ; TLF ; GR.

Bardache (1568)
ar. bardag, “ esclave ” ;
int. (ITAL) bardasso, bardascione “ mignon ” ; (ESPA) bardaje
var. bardaiche (1537) ;
dom. /Argot/ - src. GLLF ; TLF ; GR.

Barde (II) (54) (1260)
ar. barda´a, “ bât ” ;
dom. /Hippologie; “ selle faite d’une simple couverture ”/ - src. GLLF ; TLF ; GR ; FEW XIX ; Pell.

Bardot (1367)
ar. barda´a, “ bât ” ;
dom. /Zoologie/ - src. GR ; TLF.

Baroud (1924)
ar. MARO, ba:ru:d, “ poudre à feu ” ;
dom. /Argot militaire pour désigner “ le combat ”/ - src. GLLF ; TLF ; GR.

Basane (1260)
ar. bata:na ;
int. (PROV) bazana ; (ESPL) badana ;
var. bazenne (1150) ;
dom. /Peausserie; “ peau de mouton tannée qu’on emploie en bourrellerie ”/ - src. GLLF ; TLF ; GR.

Bédégar (1425)
ar. PERN, ba:daward ;
var. bedeguar ;
dom. /Botanique; "cardo selvatico, ecrescenza pelosa dei rosai, specie della rosa selvatica (Pell. et Ineichen)"/ - src. GR ; TLF.

Bédouin ou
Bédoin (1546)
ar. badawi: ; " habitant du désert " ;
var. bédoins (1200)
dom. /Peuplades arabes/ - src. GLLF ; TLF ; GR.

Ben (II) (1300)
ar. ban ; PERS bahman, " janvie r"(du mois où cette racine est extirpée et mangée) ;
var. been ;
dom. /Botanique; 'moringa i cui semi forniscono un olio commestibile e lubrificante' (Ineichen II rapp. par Pell.)/ - src. GR ; TLF ; Pell. ; FEW XIX ; Ineichen.

Bendir (1954)
ar. MGRB, bindi:r, " tambourin " ;
dom. /Instrument de musique/ - src. DDL.

Benjoin (55) (1538)
ar. luba:n dja:wi, " encens de Java " ;
int. (CATL) benjuï ;
var. benjuyn (1479) ; bengin (1515) ; benioin (1538) ;
dom. /Résine aromatique/ - src. GLLF ; TLF ; GR.

Berbère (56) (1688)
ar. barbar, " barbare " ;
var. bereberes (1667) ;

dom. /Population du Maghreb/ - src. GR ; TLF.

Bézef (1867)
ar. ALGR, bezzef, " beaucoup " ;
var. besef (1861) ;
dom. /Argot militaire/ - src. GLLF ; TLF ; GR.

Bézoard (1605)
ar. (MAGH) ba:zahr ; bezuwâr ;
int. (PERS) pa:d-zahr, "chasse-poison" ; (LATN) bezoar ;
var. bezaar (1314) ;
dom. /Médecine; considéré autrefois comme un puissant antidote/ - src. GR ; TLF.

Bled (1800 F)
ar. bilâd ; MGRB, bled, " terrain, pays " ;
dom. /Argot militaire, pour indiquer " un lieu, un village éloigné "/ - src. GLLF ; TLF ; GR.

Bondjou (1842)
MGRB
dom. /Monnaie/ - src. DDL.

Borax (1611)
ar. al-bu:ra:q ; (MGRB) baurâq ; (PERS) bûrâh ;
int. (LATM) borax ;
var. borrache (1256) ;
dom. /Chimie; " borate hydraté de sodium "/ - src. TLF ; GR.

Bordj (57) (1852)
ar. burdj, " construction servant de résidence, de fort ";
var. bourdj (1820) ;
dom. /Monument arabe/ - src. GLLF ; TLF ; GR.

Bostangi (1546)
ar. busta:n ; (PERN) bustan, " lieu des odeurs "
int. (TURC) bosta:ndji: ;
dom. /Histoire des voyages/ - src. GR.

Bouracan (58) (1593)
ar. barraka:n ;
var. bourragan (1150) ;
dom. /Tissus et étoffes/ - src. GLLF ; TLF ; GR.

Boutargue (1534)
ar. buta:rih ;
int. (PROV) boutargo ; poutargo ; (ITAL) butargo ;
var. bouttargue (1441) ;
dom. /Art culinaire/ - src. GLLF ; TLF ; GR ; Pell.

Boutre (1833-1866)
ar. bu:t ;
dom. /Navire/ - src. GLLF ; TLF ; GR.

Brick (1960)
ar. TUNS, bri:k ;
dom. /Art culinaire/ - src. GLLF ; TLF ; GR.

Burnous (59) (1735)
ar. MGRB, burnu:s ;
var. albernoux (1478) ; bornoz (1686) ;
dom. /Costume/ - src. GLLF ; TLF ; GR.

Caban (1448)
ar. PERS qa:ba', " manteau ";
int. (SICU) cabbanu ; (PROV) caban ;
var. gaban (1352) ;
dom. /Costume/ - src. GLLF ; TLF ; GR.

Cadi (60) (1351)

ar.	qa:di, “ magistrat ” ;
var.	escadi (1230) ; cady (1351) ;
dom.	/Religion muslmane/ - src. GLLF ; TLF ; GR.
Cafard (I)	(1598)
ar.	ka:fir, “ mécréant ” ;
var.	caphard (1512) ;
dom.	/Religion musulmane/ - src. GLLF ; TLF ; GR.
Café	(1665)
ar.	qahwa ; gahwa ;
int.	(TURC) kahvé ; (ITAL) caffè ;
var.	cafeh (1651) ;
dom.	/Boisson/ - src. GLLF ; TLF ; GR.
Cafetan	(1537)
ar.	PERN, qafta:n, “ drapé ” ;
int.	(TURC) qafta:n ;
var.	caftan (1546) ;
dom.	/Costume/ - src. GR ; TLF.
Cafre	(1721)
ar.	ka:fir, “ infidèle ” ;
var.	caffre (1685) ;
dom.	/Religion musulmane/ - src. GLLF ; TLF ; GR.
Caïd	(1694)
ar.	qa:´id, “ chef ” ;
var.	caïte (1310) ;
dom.	/Fonctionnaire de l’Afrique du Nord/ - src. GLLF ; TLF ; GR.
Calebasse	(1572)
ar.	qar`a ?, “ courge ” ;
int.	(ESPL) calabaza (1542) ;
var.	calebace (1727) ;

dom. /Fruit/ - src. GR.

Calfat (1611)
ar. jalfaz ; (par le gr. de Byzance) ; cf. calfater ;
int. (ITAL) calafato ;
var. calefas (1371) ;
dom. /Marine/ - src. GLLF ; TLF ; GR.

Calfater (1382)
ar. qalfata ; jalfaza, “ garnir d’étompe goudronnée les jointes et les interstices des bordages (la coque) pour les rendre étanches ” ;
int. (PROV) calfatar ;
dom. /Construction navale/ - src. GLLF ; TLF ; GR.

Calibre (1478)
ar. qa:lib, “ forme de chaussure ” ;
dom. /Dimension et mesure/ - src. GLLF ; TLF ; GR.

Calife ou
Khalife (1360)
ar. khali:fa, “ sucesseur ” puis “ titre pris après la mort du Prophète Mûhammed par les souverains politiques et religieux de l’Empire musulman ” ;
var. algalife (1080) ; califfe (1200) ; calif (1244) ; khalife (1730) ;
dom. /Religion musulmane/ - src. GLLF ; TLF ; GR.

Camaïeu (1727)
ar. qama:i:l ? ; qama´d, “ bouton de fleur ”;
var. camaü (1100) ; kamaheu (1200) ;
dom. /Minéraux/ - src. GLLF ; TLF ; GR.

Camelot (I) (1589)
ar. hamla:t, “ peluche ” ;
var. camelos (1168) ;

dom.	/Tissus et étoffes/ - src. GLLF ; TLF ; GR.
Camphre	(1200)
ar.	ka:fu:r, “ ingrat envers Dieu... incrédule, infidèle, impie ” ;
int.	(LATM) camphora ;
var.	canfre (1256) ; camphore (1372) ;
dom.	/Chimie/ - src. GLLF ; TLF ; GR ; Kazimirski.
Candi	(1256)
ar.	qandi, “ sucre de canne ” ;
int.	(ITAL) candi ;
dom.	/Sucre/ - src. GLLF ; TLF ; GR.
Cange	(1839)
ar.	(EGYP) qa:ndja, “ voilier du Nil ” ;
var.	gemges (1661) ; canjes (1785) ;
dom.	/Marine/ - src. GLLF ; TLF ; GR.
Carafe	(1558)
ar.	gharra:f, “ récipient servant à puiser l’eau ; pot à boire ”;
int.	(ITAL) caraffa ; (ESPL) garaffa ;
var.	caraffe (1642) ;
dom.	/Récipient/ - src. GLLF ; TLF ; GR.
Caraque (I)	(1200)
ar.	karra:ka, “ petit bateau ” ;
int.	(ITAL) caracca ;
var.	karaque (1245) ; carraque (1391) ;
dom.	/Navire/ - src. GLLF ; TLF ; GR.
Carat	(1355)
ar.	qi:ra:t, “ petit poids ” ;
int.	(ITAL) carato ;
var.	quarais (1360) ; caraz (1367) ;
dom.	/Joaillerie/ - src. GLLF ; TLF ; GR.

Caratch (1835)
ar. hara:dj ;
int. (TURC) hara:s ;
var. carrach (1535) ; carach (1575) ;
dom. /Histoire/ - src. TLF.

Carmin (1165)
ar. qirmiz, " rouge de kermès " avec minium;
int. (LATM) carminium ;
var. charmin ;
dom. /Colorant/ - src. GLLF ; TLF ; GR.

Caroube (61) (1512)
ar. kharru:ba, " le caroubier " ;
int. (LATM) carubla ;
var. quarobles (1195) ; carouble (1400) ;
dom. /Fruit/ - src. GLLF ; TLF ; GR.

Carvi (1398)
ar. kara:wiya, " sorte d'épice " ;
int. (LATM) carvi ;
var. caroi (1256) ; chervi[s] (1539) ;
dom. /Botanique; " plante des prairies, à fruits aromatiques "/ - src. GLLF ; TLF ; GR.

Casbah (1836)
ar. MGRB, qasba, " forteresse, tour dominante " et anciennement " résidence de l'émir " ;
var. alcassabe (1755) ; casouba (1813) ; casauba (1830) ;
dom. /Monument arabe/ - src. GLLF ; TLF ; GR.

Cavas (1851)
ar. qawwa:s ;
var. cawas (1867) ;
dom. /Histoire/ - src. GR ; TLF.

Cétérac ou
Cétérach (1314)
ar. chitarg ;
int. (LATM) ceteraceum ;
var. cetrac (1161) ; cétérach ;
dom. /Botanique; “ fougère commune entre les pierres des vieux murs ”/ - src. GLLF ; TLF ; GR.

Chadouf (1854)
ar. MGRB, cha:du:f, “ appareil à bascule pour puiser l’eau ”;
dom. /Irrigation/ - src. GLLF ; TLF ; GR.

Chalef (1783)
ar. hala:f ;
int. (LATB) calaf ;
var. calaf (1694) ; chaleb (1763) ;
dom. /Botanique/ - src. GLLF ; TLF ; GR.

Chamarre (62) (1490)
ar. sammu:r ?, “ zibellino, vêtement de dessus ” ;
int. (ESPL) zamarra ;
var. samarre (1447) ;
dom. /Costume; “ mustela Scythica, manteau d’hiver des bergers ”/ - src. GLLF ; TLF; Pell.

Charabia (1802)
ar. al-`arabi:ya ?, “ la langue arabe ” ;
int. (ESPL) algrabia ; (PRVL) charabiat ;
dom. /Terme péjoratif/ - src. GLLF ; TLF ; GR.

Chébec (63) (1758)
ar. chabba:k, “ filet ” ;
int. (ITAL) sciabecco ;
var. chebeck (1761) ; chabek ; chebek ;
dom. /Marine; “ bâtiment barbaresque à trois mâts,

	allant à la voile et à l'aviron "/ - src. GLLF ; TLF ; GR.
Chèche	(1866)
ar.	cha:ch, " longue écharpe " ;
var.	seisse (1657) ; sesse (1676) ; chech (1918) ;
dom.	/Costume: " On appelle chèches des écharpes arabes dont on peut faire tout ce qu'on veut "(Montherland)/ - src. GLLF ; TLF ; GR.
Chéchia	(1855)
ar.	MGRB, cha:chiyya, " bonnet, coiffure en forme de calotte en laine " ;
var.	chachie (1575) ; chachia (1845) ; chechia (1857) ;
dom.	/Costume; de Chach, ville d'Asie où l'on fabriquait ces bonnets/ - src. GLLF ; TLF ; GR.
Cheikh (64)	(1631)
ar.	chaikh, " vieillard " ;
var.	ceic (1309), schet (1568), cheque (1598), scheik (1776) ;
dom.	/Chef arabe ou de tribu en Afrique du Nord; terme qui s'applique chez les musulmans à toute personne respectable par son âge/ - src. GLLF ; TLF ; GR.
Chergui	(1900)
ar.	MGRB, chargi, " vent de l'est " ;
dom.	/Géographie/ - src. GLLF ; GR.
Chérif	(1552)
ar.	chari:f, " noble, éminent " ;
int.	(ITAL) sceriffo ;
var.	sérif (1528) ; cheriph ;
dom.	/Religion musulmane/ - src. GLLF ; TLF ; GR.

Chervis (1539)
ar. karawi:ya, " sorte d'épice " ;
var. eschiervies (1256) ;
dom. /Botanique; " plante à racine alimentaire, très cultivée autrefois "/ - src. GLLF ; TLF ; GR.

Chiffre (1464)
ar. sifr, " zéro, vide ";
int. (LATM) cifra ; (ITAL) cifra ;
var. cifre (1220) ;
dom. /Mathématiques/ - src. GLLF ; TLF ; GR.

Chiite (1765)
ar. chiy`i: ;
var. schai (1653) ; schiah (1697) ; schiite (1740) ; schiaite (1740) ;
dom. /Religion musulmane/ - src. GR.

Chorba (1900)
ar. ALGR, churba, " soupe maghrébine " ;
dom. /Art culinaire/ - src. GR.

Chott (1860)
ar. MGRB, chatt, " le rivage, le bord de l'eau " ;
dom. /Géographie; " lac salé ou sebkha "/ - src. GLLF ; TLF ; GR.

Chouia (1866)
ar. MAGB, chuya, " peu, doucement " ;
var. chouya (1881) ; chouîa ;
dom. /Terme populaire/ - src. GR ; TLF.

Civette (I) (1467)
ar. zoba:d ; " musc " ;
int. (CATL) civetta ; (ITAL) zibetto ;
var. zabadec (1249) ; cyvete (1401) ;

dom.	/Zoologie; “ mammifère carnivore ”/ - src. GLLF ; TLF ; GR.
Clebs	(1920)
ar.	MGRB, kleb, “ chiens ” ;
var.	cleb (1863) ;
dom.	/Terme populaire/ - src. GLLF ; TLF ; GR.
Cohober	(1620)
ar.	Quhba, “ couleur grise, grisâtre ” ;
int.	(LATA) cohobare ;
dom.	/Chimie/ - src. GLLF ; TLF ; GR.
Colback	(1819)
ar.	EGYP, qalbaq ; qalpa:q ; “ bonnet de fourrure ” ;
var.	kalepak (1653) ;
dom.	/Costume/ - src. TLF.
Colcotar	(1492)
ar.	qulquta:r ; golgotar ;
var.	colcohotar ;
dom.	/Chimie ; “ oxyde ferrique de couleur rouge, qui sert à polir les verres d'optique ”/ - src. GLLF ; TLF ; GR.
Copte	(1704)
ar.	qubt, “ chrétien d'Egypte et d'Ethiopie ” ;
var.	cofte (1665) ; cophte (1690) ;
dom.	/Relations avec l'Occident; “ celui qui professe le monophysisme ”/ - src. GR ; TLF.
Coran	(1657)
ar.	al-qur´a:n, “ la lecture ” ;
var.	alchoran ; alcoran ; koran ; qôran ;
dom.	/Religion; “ le Livre des Livres ”/ - src. GLLF ; TLF ; GR.

Coton (1160)
ar. qutun ;
int. (ITAL) cotone ; (ESPA) algodón ; (FRAA) coton ;
dom. /Matière végétale/ - src. GLLF ; TLF ; GR.

Couffe (1665)
ar. quffa, “ panier ” ;
int. (PROV) couffo ;
var. cuffe (1633) ;
dom. /Panier/ - src. GLLF ; TLF ; GR.

Couffin (65) (1478)
ar. quffa, “ panier ” ;
int. (LATB) cophinus ;
dom. /Cabas/ - src. GR.

Coufieh (1854)
ar. ku:fiyya ;
var. coufié (1736) ;
dom. /Costume arabe du Moyen Orient/ - src. GR ; TLF.

Coufique (1845)
ar. al-ku:fa, “ ville d’Irak qui a donné naissance à une forme d’écriture arabe ” ;
var. kiufi (1672) ; coufite (1763) ; cuphique (1763) ;
dom. /Arts; “ forme d’écriture arabe ”/ - src. GLLF ; TLF ; GR.

Courbache (1848)
ar. kurba:dj ;
int. (TURC) qirba:ch, “ fouet en cuir ” ;
var. courbag (1854) ; courbach (1836) ;
dom. /Cravache/ - src. GLLF ; TLF ; GR.

Couscous (1649)
ar. MGRB, kuskus ;

int. (BERB) kuskusu:n ;
var. couchcou (1505), coscosson (1534) ;
dom. /Art culinaire/ - src. GR ; TLF.

Cramoisi (1418)
ar. qirmiz ,“ rouge de kermès ” ;
int. (ESPL) charmisi ; (ITAL) cremisi ;
var. cremoisi (1298) ;
dom. /Couleur/ - src. GLLF ; TLF ; GR.

Cubèbe (1245)
ar. kubba:ba, “ sorte d’épice ” ;
int. (LATM) cubaba ; cubeba ;
dom. /Botanique: “ arbuste d’Insulinde voisin du poivrier ”/ - src. GLLF ; TLF ; GR.

Curcuma (1559)
ar. kurku:m, “ sorte d’épice ” ;
int. (ESPL) curcuma ;
dom. /Botanique: “ plante des Indes, dont le rhizome fournit une sorte d’arrowroot employé dans la préparation du cari, et qui donne une matière colorante jaune ”/ - src. GLLF ; TLF ; GR.

Cuscute (1256)
ar. kôchu:t ;
int. (LATM) cuscuta ;
dom. /Botanique: “ plante herbacée, volubile, dépourvue de chlorophylle et parasite d’autres végétaux ”/ - src. GLLF ; TLF ; GR.

Dahabieh (1869)
ar. EGYP, dahabiyah, “ barque du Nil ” ;
var. dhabbia (1787) ; dahabi (1848) ;
dom. /Marine/ - src. GLLF ; TLF ; GR.

Dahir (1900)
ar. dahi:r, " décret du roi du Maroc de 1933 " ;
dom. /Administration maghrébine/ - src. GLLF ; TLF ; GR.

Daïra (1900 M)
ar. ALGR, dawwar, " village, groupe de maisons, circonscription " ;
dom. /Administration du Maghreb au temps de la colonisation française/ - src. GR.

Daman (1765)
ar. dama:n isra:'il, " petit mammifère ongulé ";
dom. /Zoologie: " mammifère d'Asie Mineure, herbivore, de la taille d'un lapin "/ - src. GLLF ; TLF ; GR.

Darbouka ou **Derbouka** (1859)
ar. ALGR, darbu:ka, " tambour arabe de l'Afrique du Nord fait d'une peau tendue d'un tuyau de terre cuite " ;
var. darboukah (1840) ; derbouka (1847); tarbouka (1853); darbouk (1854); derboucca (1882) ;
dom. /Instrument arabe de musique/ - src. GLLF ; TLF ; GR.

Darse (66) ou **Darce** (1415)
ar. da:r as-sina:'a ou dâr as-sana:'a, " maison du travail ";
int. (AGEN) darsena ;
var. darce ;
dom. /Construction navale/ - src. GLLF ; TLF ; GR.

Daya (1849)

ar. day'a ;
dom. /Géographie/ - src. GR ; TLF.

Diffa (67) (1846)
ar. MGRB, di:fa, " réception des hôtes de marque, accompagnée d'un repas " ;
var. difa (1845) ;
dom. /Réception arabe de l'Afrique du Nord/ - src. GLLF ; TLF ; GR.

Dinar (68) (1697)
ar. di:na:r, " unité de monnaie " ;
int. (LATN) denarius ;
dom. /Monnaie de plusieurs pays arabes/ - src. GLLF ; TLF ; GR.

Dirham (1959)
ar. dirham, " unité de monnaie " ;
var. dirhem ;
dom. /Monnaie; aujourd'hui: " unité de monnaie du Maroc "/ - src. GR.

Djebel (69) (1787)
ar. djabel, " montagne " ;
var. djabal ; jebel ;
dom. /Géographie/ - src. GLLF ; TLF ; GR.

Djellaba (70) (1844)
ar. MGRB, djalla:ba, " longue robe à manches longues et à capuchon " ;
var. jilleba (1743) ; gélabia (1832) ; dgilaba:h (1836) ;
dom. /Costume des femmes et des hommes de l'Afrique du Nord/ - src. GLLF ; TLF ; GR.

Djemââ (71) (1870)

ar. djum`a, “ assemblée ” ;
dom. /Réunion de notables qui représentent un “ douar ” en Afrique du Nord/ - src. GR.

Djérid (1819)
ar. MGRB, djeri:d, “ région du sud tunisien ” ;
var. dsjerid ;
dom. /Géographie/ - src. DLL.

Djich (1920)
ar. MGRB, djaych, “ l’armée ” ;
dom. /Argot militaire/ - src. GR.

Djinn (1760)
ar. djinn, “ esprits, bons génies ” ;
var. dgin (1666) ; dgen (1671) ;
dom. /Mythologie arabe, “ esprit de l’air, bon génie ou démon ”/ - src. GLLF ; TLF ; GR.

Douane (72) (1500 D)
ar. PERS, di:wa:n, “ divan, administration chargée de percevoir des taxes sur les marchandises à l’entrée et à la sortie du pays ” ;
int. (ITAC) doana ;
var. dohanne (1281) ; doana (1441) ;
dom. /Administration/ - src. GLLF ; TLF ; GR.

Douar (73) (1617)
ar. MGRB, duwwa:r, “ cercle des tentes, des maisons ” ;
int. (ESPL) aduar ;
var. adouar (1617) ; douart (1628) ;
dom. /Habitation/ - src. GLLF ; TLF ; GR.

Doum (1864)
ar. du:m, “ palmier saharien atteignant 10 m de haut ” ;

var.	doume (1839) ;
dom.	/Botanique/ - src. GLLF ; TLF ; GR.
Doura	(1787)
ar.	durah ;
var.	dourah ; durra (1773) ;
dom.	/Botanique/ - src. GR ; TLF.
Drogman	(1200)
ar.	EGYP, targuma:n, " interprète " ;
int.	(PRVA) drogman ; (ITAL) drogmano ;
var.	droguement (1213) ; drogeman ;
dom.	/Histoire/ - src. GLLF ; TLF ; GR.
Ecarlate (74)	(1168)
ar.	PERS, saqirla:t, " étoffe précieuse ";
int.	(LATM) scarlatum ;
dom.	/Tissus et étoffes/ - src. GLLF ; TLF ; GR.
Echecs (75)	(1611)
ar.	ach-shâh-ma:t, " le roi est mort " ;
var.	eschec (1170) ;
dom.	/Jeu/ - src. GLLF ; TLF ; GR.
Elémi	(1573)
ar.	el-lemi ;
dom.	/Résine/ - src. GLLF ; TLF ; GR.
Elixir	(1500)
ar.	al-iksîr, " essence " ;
int.	(LATN) elixir ;
var.	eslissir (1265) ;
dom.	/Alchimie/ - src. GLLF ; TLF ; GR.
Emir (76)	(1200)
ar.	ami:r ;

dom. /Titre/ - src. GLLF ; TLF ; GR.

Epinard (77) (1636)
ar. ESPA, isbinâkh, " épine " ; PESN, isfânâ? ; isfinâ? ;
int. (LATN) spina ; (LATM) spinachium ;
var. espinarde (1256) ; espinaces (1256) ; espinach ; espinoche ;
dom. /Botanique/ - src. GLLF ; TLF ; GR.

Erg (1888)
ar. arq ;
var. areg (1849) ;
dom. /Géographie ; " dans les déserts, vaste région couverte de dunes, opposé à *hamada* "/ - src. GLLF ; TLF ; GR.

Estragon (1601)
ar. tarkhu:n ; " plante potagère aromatique " ;
int. (LATB) tarchon ;
var. targon (1539) ; estragon (1564) ;
dom. /Botanique/ - src. GR.

Fakir (1653)
ar. faqi:r, " pauvre " ;
var. faquir (1690) ;
dom. /Religion ; " ascète musulman "/ - src. GLLF ; TLF ; GR.

Fandango (1756)
ar. fandura ? ;
dom. /Choréographie/ - src. GR ; TLF.

Fantasia (78) (1833)
ar. MGRB, fantasîa, " fête brillante "; (ESPL) fantasia ;
var. phantasia (1840) ;
dom. /Equestre/ - src. GLLF ; TLF ; GR.

Farde (1150)
ar. farda, " d'une paire, l'une " ;
int. (FRAA) fardeau ;
dom. /Commerce ; " balle de café de 185 kg "/ - src. GR ; TLF.

Fargues (1694)
ar. MZAR, falqa, " gourdin " ;
int. (LATM) falca ;
dom. /Marine; " bordages supérieurs d'une embarcation dans lesquels sont fabriquées les entailles des dames des avirons "/ - src. GR ; TLF.

Fatma ou **Fathma**
(Fadhma) (1900)
ar. MARO, fa:tma, " nom de femme maghrébine, originairement de l'ar. Fatima " ;
var. fathma (1899) ;
dom. /Sous la colonisation française, terme qui désigne (péjorativement) toute " femme musulmane en général "/ - src. GLLF ; TLF ; GR.

Fe(d)dayin (1956)
ar. fida:ʹiyyu:n, " ceux qui font le sacrifice de leur vie " ;
var. feddayin (1965) ;
dom. /Politique; terme qui désigne, aujourd'hui, " les résistants palestiniens qui défendent la cause de l'Etat palestinien "/ - src. GLLF ; TLF ; GR.

Fellaga (1956)
ar. MGRB, fella:g, " coupeur de routes " ;
var. fellagha (1915) ;
dom. /Conquête de l'Afrique du Nord ; " nom donné en Tunisie, puis en Algérie, aux partisans armés, soulevés contre l'autorité française pour obtenir l'indépendance de leurs pays "/ - src. GLLF ; TLF ; GR.

Fellah	(1611)
ar.	MGRB, fella:h, “ laboureur ” ;
var.	félaque (1735) ; fellach (1800) ;
dom.	/Agriculture; “ paysan arabe ou petit propriétaire agricole ”/ - src. GLLF ; TLF ; GR.
Felouque (79)	(1611)
ar.	EGYP, felu:ka, “ barque ” ;
var.	relouque (1595) ;
dom.	/Marine; “ petit bâtiment de la Méditerranée, long, léger et étroit, à voiles et à rames ”/ - src. GLLF ; TLF ; GR.
Fels	(1900)
ar.	fulu:s ?, “ argent ” ;
dom.	/Monnaie/ - src. GLLF.
Fennec	(1791)
ar.	fanek, “ renard de sables ” ;
dom.	/Zoologie/ - src. GLLF ; TLF ; GR.
Féridji	(1872)
ar.	MGRB, feredji ;
dom.	/Tissus et étoffes/ - src. GLLF.
Fetoua	(1624)
ar.	fatwa:, “ condamnation ” ;
var.	fetua (1664) ;
dom.	/Religion/ - src. GR ; TLF.
Fissa	(1909)
ar.	MGRB, fi´ssa:`a, “ vite-vite ” ;
var.	fiça (1870) ;
dom.	/Argot militaire/ - src. GLLF ; TLF ; GR.
Foggara	(1900)

ar. foqa:ra, “ au Sahara, galerie souterraine d’irrigation ” ;
dom. /Irrigation/ - src. GLLF.

Fondouk (80) (1659)
ar. MGRB, funduq, “ caravansérail ” ;
dom. /Habitation/ - src. GLLF ; TLF ; GR.

Fouta (1858)
ar. fu:ta, “ costume bédoin ” ;
int. (PORT) fota ;
var. fota (1553) ;
dom. /Costume/ - src. GLLF ; TLF ; GR.

Fustet (1351)
ar. fustuk, “ pistache ” ;
var. fenstel (1340) ;
dom. /Botanique/ - src. GLLF ; TLF ; GR.

Gabelle (81) (1330)
ar. qaba:la, “ tribut ” ;
int. (PRVA) gabela ; (ESPA) alcabala ;
var. gabele (1267) ;
dom. /Commerce/ - src. GLLF ; TLF ; GR.

Galanga (82) (1298)
ar. halandja:n ;
dom. /Botanique/ - src. GR.

Gamache (1595)
ar. gada:masi ;
int. (PROV) gamacha ; (ESPL) gnadameci ;
dom. /Costume/ - src. GLLF ; TLF ; GR.

Gandoura (1852)
ar. MGRB, gandu:ra, “ blouse en laine ” ;

dom. /Costume/ - src. GLLF ; TLF ; GR.

Garingal (1180)
ar. halangha:n ;
int. (PERS) ha:valingha:n ;
dom. /Botanique/ - src. GLLF ; TLF ; GR.

Gaze (1554)
ar. gazza, " nom d'une ville en Palestine ";
dom. /Tissus et étoffes ; " étoffe légère et transparente, de coton ou de soie "/ - src. GLLF ; TLF ; GR.

Gazelle (1298)
ar. MGRB, gaze:l, " antilope du Sahara " ;
int. (ITAL) gazzella ;
var. gacele (1195), gasele (1195) ;
dom. /Zoologie/ - src. GLLF ; TLF ; GR.

Genet (83) (1300 F)
ar. zana:ta, " tribu des Zanata ";
int. (ESPL) jinete ;
var. genest (1374) ;
dom. /Zoologie; " cheval de petite taille élevé par les Zénata "/ - src. GLLF ; TLF ; GR.

Genette (1260)
ar. djarnait ;
int. (ESPL) jineta ;
dom. /Zoologie; " mammifère carnassier "/ - src. GLLF ; TLF ; GR.

Gerboise (1710)
ar. jerbu:', " gros rat du désert ";
int. (LATN) gerboa ;
var. ierbuah (1655), gerbo (1700) ;
dom. /Zoologie; " mammifère rongeur "/

- src. GLLF ; TLF ; GR.

Ghazel (1694)
ar. ghazel, “ filer, faire la cour à une femme, à des femmes ” ;
int. (PRVA) gazel ;
dom. /Poésie lyrique; érotisme; mystique/ - src. GR; Roncaglia; Pell.

Gilet (84) (1664)
ar. MGRB, jaloco, “ casaque des chrétiens ” ;
int. (ESPL) gileco, jaleco ; (TURC) yelek ;
dom. /Costume/ - src. GLLF ; TLF ; GR.

Girafe (1298)
ar. zura:fa ;
int. (ITAL) giraffa ;
dom. /Zoologie/ - src. GLLF ; TLF ; GR.

Girel (1624)
ar. ghila:l ;
int. (ESPL) jirel ;
var. giret (1570) ;
dom. /Histoire; “ bouclier protégeant le cheval d'armes, au Moyen Age ”/ - src. TLF.

Goudron (85) (1647)
ar. qitra:n ; EGYP, qatra:n, “ goutte à goutte ” ;
var. gotran (1381) ;
dom. /Substance “ sombre et visqueuse obtenue par la distillation de divers produits ”/ - src. GLLF ; TLF ; GR.

Goule (1821)
ar. gu:l, “ nom d'un démon du désert ”;
dom. /Mythologie arabe/ - src. GLLF ; TLF ; GR.

Goum	(1845)
ar.	MGRB, gu:m, " troupe " ;
dom.	/Conquête de l'Afrique du Nord; " formation militaire supplétive qui était recrutée parmi les autochtones de certains pays de l'Afrique du Nord française "/ - src. GLLF ; TLF ; GR.
Gour (I)	(1858)
ar.	gara, " au Sahara, petite butte tabulaire à flancs raides " ;
dom.	/Géographie/ - src. GLLF ; TLF ; GR.
Gourbi	(1841)
ar.	ALGR, gurbi, " parenté " ;
var.	gurbi (1743) ;
dom.	/Habitation/ - src. GLLF ; TLF ; GR.
Grabeau (86)	(1466)
ar.	gharba:l, " tamis " ;
var.	grabel (1439) ;
dom.	/Pharmacie/ - src. GR.
Grabeler87	(1532)
ar.	gharbala, " tamiser ";
int.	(ITAL) grabellare ;
dom.	/Pharmacie/ - src. GLLF ; TLF ; GR.
Guimbri	(1860)
ar.	MGRB, gunba:ri ;
dom.	/Musique/ - src. GLLF ; TLF ; GR.
Guitare	(1349)
ar.	qîtâra ;
int.	(PRVA) guitarra ; (LATN) cithara ; (FRAA) guiterne (1265) ;
var.	quitarre (1275) ;
dom.	/Instrument de musique/ - src. GLLF ; TLF ; GR.

Guitoune (1860)
ar. MGRB, gi:tu:n, “ tente ” ;
var. guiton (1838) ;
dom. /Argot militaire ; “ tente de campement ”/ - src. GLLF ; TLF ; GR.

Gumène (1512)
ar. ghumil ;
int. (LATM) agumena ; (ITAL) gumena ;
var. goum (1320), gume (1359) ;
dom. /Marine/ - src. GLLF ; TLF ; GR.

Habara (1855)
ar. MGRB, habba:ra ;
var. habbarah ;
dom. /Costume/ - src. DDL.

Habous (1875)
ar. habus, “ bien de mainmorte ” ;
dom. /Droit/ - src. GLLF ; TLF ; GR.

Hachisch (1556)
ar. hachi:ch, “ herbe ” ;
var. haschisch (1773) ; hachish ; hachischin ; hachichin ;
dom. /Mœurs/ - src. GLLF ; TLF ; GR.

Hadith (1687)
ar. hadi:th, “ récit ” ;
dom. /Religion musulmane ; “ ensemble des traditions relatives aux actes et aux paroles du Prophète et qui font autorité après le Coran en matière de foi islamique ”/ - src. GLLF ; TLF ; GR.

Hadj (88) (1743)
ar. ha:djdj, “ pèlerin ” ;
int. (TURC) ha:djdji ;

var. hagis (1567) ; hodge (1731) ;
dom. /Titre musulman/ - src. GLLF ; TLF ; GR.

Hafiz (1878)
ar. hafadha, “ conserver dans la mémoire ” ;
dom. /Titre musulman pour ceux qui ont appris le Coran par cœur/ - src. GLLF ; TLF ; GR.

Haïk (1725)
ar. ALGR, ha:'ik, “ grand voile carré dont s'enveloppent les femmes maghrébines ” ;
var. heque (1654) ; heyque (1699) ;
dom. /Costume/ - src. GLLF ; TLF ; GR.

Haje (1827)
ar. hayya, “ serpent ” ;
dom. /Zoologie/ - src. GLLF ; TLF ; GR.

Hamada (1880)
ar. hama:da, “ au Sahara plateau constitué par des dalles rocheuses ” ;
dom. /Géographie/ - src. GLLF ; TLF ; GR.

Hammam (1655)
ar. hamma:m, “ bain ” ;
var. humus (1663) ; hammamât (1873) ;
dom. /Etablissement des bains/ - src. GLLF ; TLF ; GR.

Hardes (1480)
ar. fardah, “ habillement ” ;
int. (GASC) hardes ;
var. fardes (1155) ;
dom. /Costume/ - src. GLLF ; TLF ; GR.

Harem (1673)
ar. hara:m, “ défendu et sacré ” ;

var. hara (1632) ; haram (1660) ;
dom. /Mœurs/ - src. GLLF ; TLF ; GR.

Harissa (1966)
ar. MGRB, hari:ssa ;
var. arissa (1930) ;
dom. /Art culinaire; " sauce forte au Maghreb "/ - src. GR.

Harka (1904)
ar. hârakâh, " mouvement " ;
dom. /Politique/ - src. GLLF ; TLF ; GR.

Harki (1960)
ar. hârki, " militaire servant dans une harka " ;
dom. /Politique/ - src. GLLF ; TLF ; GR.

Harmale (1694)
ar. harmal ;
int. (LATS) harmala ;
dom. /Botanique/ - src. GLLF ; TLF ; GR.

Harratin (1962)
dom. /Populations du Monde Arabe; " chez les Maures, individu de la classe inférieure, souvent de race noire "/ - src. GLLF ; GR.

Hasard (89) (1155)
ar. azzahr, " le dé " ;
int. (ESPL) azar ;
dom. /Jeu en usage au Moyen Age/ - src. GLLF ; TLF ; GR.

Hassani (1962)
ar. MARO, hassani, " unité de monnaie marocaine " ;
dom. /Monnaie/ - src. GLLF ; TLF ; GR.

Hégire (1556)

ar.	al-hidjra:, “ fuite” ;
int.	(TOSC) egira ;
dom.	/Histoire; “ ère musulmane qui commence en 622 de l’ère chrétienne; date à laquelle Muhammed s’enfuit de La Mecque pour Médine ”/ - src. GLLF ; TLF ; GR.

Henné	(1541)
ar.	SYRI, hinna ;
dom.	/Botanique/ - src. GLLF ; TLF ; GR.

Hoqueton (90)	(1200)
ar.	al qutun ; qutn ; qutun, “ le coton ” ;
var.	alqueton (1130) ; auqueton (1180) ;
dom.	/Costume; “ sorte de veste, de blouse en coton ”/ - src. GLLF ; TLF ; GR.

Houhou (II)	(1873)
ar.	houhou ? ;
dom.	/Ornithologie/ - src. GLLF ; TLF.

Houka	(1812)
ar.	huggâh ;
int.	(HIND) hukka, “ pipe à réservoir, sorte de narguileh ” ;
var.	hoka (1771) ;
dom.	/Mœurs/ - src. GLLF ; TLF ; GR.

Houri	(1654)
ar.	PESN, hu:ri, terme ar. *hour* qui “ désigne les femmes qui ont le blanc et le noir des yeux très tranchés ” ;
var.	hora (1574) ; horhin (1574) ; hurrah ;
dom.	/Religion musulmane; “ beau céleste que le Coran promet au musulman fidèle dans le paradis d’Allah ”/ - src. GLLF ; TLF ; GR.

Iftar (1878)
ar. ifta:r ;
dom. /Religion/ - src. GLLF ; TLF ; GR.

Ihram (91) (1878)
ar. ihra:m, “ vêtement traditionnel du pèlerin musulman ; état sacralisé dans lequel se trouve le musulman pendant la prière ou le pèlerinage ” ;
dom. /Religion musulmane/ - src. GLLF ; TLF ; GR.

Imam (1560)
ar. TURK, ima:m, d’abord “ conducteur de caravanes ”, puis “ chef religieux musulman ” ;
var. iman ;
dom. /Religion musulmane/ - src. GLLF ; TLF ; GR.

Inch allah (0000)
ar. in cha: allah, “ si Dieu le veut ” ;
dom. /Interjection/ - src. GR.

Islam (1697)
ar. isla:m, “ soumission à Dieu ” ;
dom. /Religion musulmane/ - src. GLLF ; TLF ; GR.

Jarde (1678)
ar. Djarad, “ tumeur animale ” ;
int. (ITAL) giarda ;
var. zarde (1516) ; jardon (1642) ;
dom. /Art vétérinaire ; Maladies/ - src. GLLF ; TLF ; GR.

Jarre (92) (1200)
ar. Djarra, “ puiser, porter (l’eau) ” ;
int. (PRVA) jarra ;
dom. /Récipient/ - src. GLLF ; TLF ; GR.

Jaseran (1200)

ar. djaza:'iri:, “ d’Alger ” ;
var. jazerenc (1080) ; jaseron (1867) ;
dom. /Costume/ - src. GLLF ; TLF ; GR.

Jasmin (1500 M)
ar. PESN, ya:sami:n ;
int. (ITAL) gelsomino ; (CATL) gessami ;
var. jassemin (1512) ;
dom. /Botanique/ - src. GLLF ; TLF ; GR.

Jubis (1723)
ar. zabi:b, “ raisin sec très doux ” ;
dom. /Fruit/ - src. GLLF ; TLF ; GR.

Julep (1398)
ar. djoula:b ;
int. (PERS) goula:d, “ eau de rose ” ;
dom. /Pharmacie/ - src. GLLF ; TLF ; GR.

Jupe (93) (1188)
ar. djûbba, “ sorte de pourpoint ” ;
dom. /Costume/ - src. GLLF ; TLF ; GR.

Kabyle (1739)
ar. qaba:'i:lyy, “ de la Kabylie ” ;
var. cabile (1761) ;
dom. /Géographie/ - src. GLLF ; TLF ; GR.

Kafir (94) (1799)
ar. ka:fir, “ infidèle ” ;
var. kefer (1683), kafier (1723) ;
dom. /Religion musulmane/ - src. GLLF ; TLF ; GR.

Kaiffa (1890)
ar. kaifa ;
dom. /Art culinaire/ - src. GLLF ; TLF ; GR.

Kali (95)	(1553)
ar.	qali:, “ soude ” ;
dom.	/v. Alcali/ - src. GLLF ; TLF ; GR.

Kandjar	(1835)
ar.	khandjar, “ coutelas ” ;
var.	chanzar (1519) ; cancar (1612) ; cangeare (1617) ; kindjial (1787) ; kangiar (1812) ;
dom.	/Poignard oriental/ - src. GLLF ; TLF ; GR.

Kanoun (I)	(1819)
ar.	qa:nu:n ;
dom.	/Instrument de musique/ - src. GR.

Kanoun (II)	(1939)
ar.	ALGR, kanu:n, “ brasero ” ;
dom.	/Fourneau/ - src. GR.

Katiba	(1960)
ar.	katiba, “ écrit ” ;
dom.	/Terme militaire/ - src. GLLF ; TLF ; GR.

Kébab	(1789)
ar.	kaba:b ;
int.	(TURC) chich kebab, “ brochette de mouton très assaisonnée ” ;
dom.	/Art culinaire/ - src. TLF.

Keffieh	(1900)
ar.	ke:fi:ya ;
var.	kuffieh ; kufieh ;
dom.	/Coiffure/ - src. GR.

Kémia	(1800 F)
ar.	ALGR, kamya: “ ce qui accompagne (des petits plats) l’apératif ou les boissons alcooliques ” ;

dom. /Art culinaire/ - src. GR.

Kermès (96) (1440)
ar. qirmiz, “ rouge de kermès ” ;
dom. /Pharmacie/ - src. GLLF ; TLF ; GR.

Ketmie (1763)
ar. khatmi:, “ bois précieux ” ;
int. (LATB) ketmia ;
var. ketmia (1694) ;
dom. /Botanique ; arbre des régions chaudes dont le bois est utilisé en ébénisterie”/ - src. GLLF ; TLF ; GR.

Khammès (1847)
ar. MGRB, khama:s, “ ouvrier agricole auquel on accorde le 1/5 de la récolte ” ;
dom. /Droit agraire/ - src. GR.

Khamsin (1853)
ar. EGYP, khamsi:n, “ vent de sable ” ;
var. hamchin (1664) ; camslin (1755) ; camsin (1771) ;
dom. /Climatologie; concerne l'Egypte, “ vent semblable au sirocco ”/ - src. GLLF ; TLF ; GR.

Khan ou **Kan** (1678)
ar. PESN, kha:na, “ lieu pour le repos, marché public ” ;
var. kan (1457) ;
dom. /Caravansérail/ - src. GLLF ; TLF ; GR.

Kharidjite (1873)
ar. kha:ridji:, “ sortant, protestant ” ;
var. kharijite ;
dom. /Histoire des religions; “ secte musulmane ”/ - src. GLLF ; TLF ; GR.

Khôl	(1700)
ar.	kuhl, “ collyre d’antimoine ” ;
var.	khol (1838) ; koheul (1873) ; kohl (1873) ; kohol (1873) ;
dom.	/Substance noirâtre et parfumée “ dont les Orientaux frottent leurs sourcils et leurs paupières ”/ - src. GLLF ; TLF ; GR.

Khotba ou **Khutba**	(1800)
ar.	khotbah, “ prêche prononcée au service du vendredi, avant la prière ” ;
dom.	/Prône religieuse/ - src. GR.

Kibla	(1670)
ar.	qibla, “ l’Est, point cardinal vers lequel le musulman dirige sa prière ” ;
var.	al-kible (1612) ; kiblah ;
dom.	/Religion musulmane/ - src. GR.

Kief (I)	(1855)
ar.	MGRB, ki:f, “ haschisch ” ;
dom.	/Tabac/ - src. GLLF ; TLF ; GR.

Kief (II)	(1789)
ar.	Kef, “ être à l’aise ” ;
var.	kaif (1670), keif (1681) ;
dom.	/Etat de béatitude/ - src. GLLF ; TLF ; GR.

Kif-kif	(1867)
ar.	MGRB, ki:fki:f, litt. “ comme comme ”, “la même chose” ;
dom.	/Terme populaire/ - src. GLLF ; TLF ; GR.

Kitab	(1672)
ar.	kita:b, “ le Livre ” ;

dom.	/Religion musulmane/ - src. DDL.
Koubba (97)	(1845)
ar.	qubba, “ dôme, coupole ” ;
var.	cube (1568) ; cubee (1608) ; kubbe (1776) ;
dom.	/Monument arabe “ élevé à la tombe d’un Marabout ”/ - src. GLLF ; TLF ; GR.
Krak	(1871)
ar.	kara:k, “ château fort établi ” ;
var.	crac (1195) ;
dom.	/Monument arabe/ - src. GLLF ; TLF ; GR.
Kroumir ou **Khroumir**	(1881)
ar.	humair, “ de Khroumirie ”, au Nord de la Tunisie ” ou “ l’homme du levain ” ;
dom.	/Ethnie, Costume/ - src. GLLF ; TLF ; GR.
Ksar (98)	(1849)
ar.	qasr, “ château ” ;
dom.	/Monument arabe/ - src. GR.
Kumquat	(1962)
ar.	qumqât ;
int.	(CHIN) kin kü, “ orange d’or ” ;
dom.	/Agrume ; “ citronnier du Japon ”/ - src. GLLF.
Lagmi	(1873)
ar.	MGRB, la:gmi, “ liqueur de palmier ” ;
var.	lagmy ;
dom.	/Liqueur du sud tunisien/ - src. GLLF ; TLF ; GR.
Laiton	(1220)
ar.	la:ytu:n, “ cuivre ” ;
var.	laton (1170) ; leiton (1170) ; laicton (1225) ;

dom. /Alliage/ - src. GLLF ; TLF ; GR.

Lalla (1962)
ar. MGRB, lalla, “ madame ” ;
dom. /Politesse maghrébine; Titre/ - src. GLLF.

Laque (1500)
ar. PESN, lakk ;
int. (SANK) laksha ;
var. lack ;
dom. /Chimie/ - src. GLLF ; TLF ; GR.

Liban (1600)
ar. liba:n, “ cordage de navire ” ;
int. (PRVA) liban ;
dom. /Marine/ - src. GLLF.

Libeccio (99) (1859)
ar. labagh, “ tanneur, vent du sud-ouest ” ;
int. (ITAL) libeccio ;
dom. /Métrologie/ - src. TLF.

Lilas (1651)
ar. PESN, li:la:k ;
var. lilac (1600) ;
dom. /Botanique/ - src. GLLF ; TLF ; GR.

Lime (II) (100) (1555)
ar. PESN, li:ma, “ petit citron ” ;
int. (ESPL) lima ; (CATL) llima ;
dom. /Botanique/ - src. GLLF ; TLF ; GR.

Limon (III) (1314)
ar. PERN, li:mu:n, “ citron ”;
dom. /Fruit/ - src. GLLF ; TLF ; GR.

Limonade (101) (1650)
ar. PESN, li:mu:n, “ citron ”;
int. (ESPL) limonada ; (ITAL) limonata ;
dom. /Boisson/ - src. GLLF ; TLF ; GR.

Litham (1831)
ar. litha:m, “ pièce d’étoffe ” ;
var. litsam ;
dom. /Tissus et étoffes/ - src. GLLF ; TLF ; GR.

Looch (1613)
ar. la:‘u:q, “ médicament sirupeux (adoucissant) ” ;
var. lohot (1514) ;
dom. /Pharmacie/ - src. GLLF ; TLF ; GR.

Luffa (1708)
var. loofa ; loofah ; loofash ;
dom. /Botanique; terme qui désigne “ une sorte de courge d’Afrique et d’Asie ”/ - src. GR.

Luth (1564)
ar. al-‘u:d, “ le bois ”;
int. (PROV) laut ; (ESPL) laúd ;
var. leüt (1265) ; lut (1534) ;
dom. /Instrument de musique/ - src. GLLF ; TLF ; GR.

Maboul (1830)
ar. ARAL, mahbu:l, “ le fou ” ;
dom. /Terme populaire pour désigner “ le pauvre d’esprit, le fou du village ”/ - src. GLLF ; TLF ; GR.

Macache (1871)
ar. ARMG, mâ-kânch, “ il n’y a pas ” ;
var. makach (1861) ;
dom. /Argot militaire/ - src. GLLF ; TLF ; GR.

Madjoun (1931)
ar. ma'dju:n, " confiture " ;
var. majoun ;
dom. /Pâtisserie/ - src. GLLF ; GR.

Madrague (1679)
ar. madraba, " enceinte " ;
int. (PROV) madraga ;
dom. /Pêche ; disposition des filets conduisant le poisson à " la chambre de la mort "/ - src. GLLF ; TLF ; GR.

Magasin (102) (1400)
ar. makha:zin, " dépôt, bureau " ;
dom. /Lieu/ - src. GLLF ; TLF ; GR.

Maghrébin (103) (1931)
ar. maghrib, " Occident " ;
var. mograbin, moghrabin (1873) ; maugrabin (1876) ; maghribin (1903) ;
dom. /Géographie/ - src. GLLF ; TLF ; GR.

Mahaleb (1561)
ar. mahlab, " cerisier sauvage " ;
var. macalep (1558) ; macaleb (1611) ;
dom. /Botanique/ - src. GLLF ; TLF ; GR.

Mahdi (1873)
ar. al-mahdi:, " nom arabe " ;
dom. /Religion musulmane ; " dans les sectes musulmanes, nom donné à l'employé d'Allah, attendu pour compléter l'œuvre de Muhammed "/ - src. GLLF ; TLF ; GR.

Mahonne (1540)
ar. ma:`u:n ;

int. (TURC) magu:na, “ galère turque de grande taille ” ;
var. maonne (1553) ;
dom. /Marine ; “ chaland de port, à formes arrondies, utilisé en Méditerranée ”/ - src. GLLF ; TLF ; GR.

Maïdan (1656)
ar. MGRB, maida:n, “ domaine ” ;
dom. /Monument arabe/ - src. DDL.

Makhzen ou
Maghzen (104) (1923)
ar. MGRB, makhzan, “ cavaliers arabes ”(1849), “ dépôt, bureau ”(v. magasin) ;
var. magzem (1873) ;
dom. /Administration/ - src. GLLF ; TLF ; GR.

Mamamouchi (1670)
ar. ma:-menou-schi ?, “ propre à rien ” ;
dom. /Titre “ donné par Molière à un prétendu dignitaire turc dans *Le Bourgeois gentilhomme* ”/ - src. GLLF ; TLF ; GR.

Mamelouk (105) (1834)
ar. mamlu:k, “ esclave ” ;
var. mamelos (1192) ; mameluz (1460) ; mammeluch (1549) ; mameluk (1611) ; mameluck (1840) ;
dom. /Soldat de la milice turco-égyptienne/ - src. GLLF ; TLF ; GR.

Marabout (106) (1651)
ar. murra:bit, “ habitant d’un ribat ” ;
int. (PORT) marabuto ;
var. morabuth (1575) ;
dom. /Religion musulmane ; “ moine guerrier vivant dans un couvent fortifié (*ribat*) pour la guerre

sainte ; chef fondateur d'une confrérie mystique; tombeau dans un édifice surmonté par une coupole "/ - src. GLLF ; TLF ; GR.

Maravédis (107) (1555)
ar. murra:biti, " monnaie des Almoravides " ;
int. (ESPL) maravedi ;
var. malavedis ;
dom. /Monnaie/ - src. GLLF ; TLF ; GR.

Marcassite (1560)
ar. (PERS) marqasi:tta ;
int. (LATM) marchasita ; (ITAL) marcassita ; (ESPA) marcasita ;
var. marcasite (1460), marquascite (1536) ;
dom. /Chimie; " sulfure naturel de fer "/ - src. GLLF ; TLF ; GR.

Marran (108) (1690)
ar. muharram, " illicite " ;
int. (ESPL) marrano ;
dom. /Juif/ - src. GR ; TLF.

Massepain (109) (1546)
ar. mautaba:n ; martaba:n
int. (ITAL) marzapane, " boite de confiserie " ; (VENT) matapan ;
dom. /Pâtisserie/ - src. GLLF ; TLF ; GR.

Masser (1779)
ar. massa ;
dom. /Histoire des voyages/ - src. GLLF ; TLF ; GR.

Massicot (1480)
ar. masha:qunia, " vernis des potiers " ;
int. (ITAL) marzacotto ; (ESPL) mazacote ;

dom. /Chimie/ - src. GLLF ; TLF ; GR.

Mat (110) (1175)
ar. (PERS) ma:t, " mort, de l'expression: le roi est mort " ;
dom. /Jeu d'échecs/ - src. GLLF ; TLF ; GR.

Matamore (111) (1617)
ar. matmu:ra, " fosse, souterrain, silo " ;
int. (ESPL) matamora ; matamoros ;
dom. /Silo; ancienn.: " cachot souterrain chez les Barbaresques "/ - src. GLLF ; TLF ; GR.

Matelas (112) (1611)
ar. matrah, " chose jetée " ;
int. (ITAL) materasso ;
var. materas (1272) ; matras (1377) ; mathelas (1464) ; matelat (1580) ;
dom. /Literie/ - src. GLLF ; TLF ; GR.

Matraque (1863)
ar. MGRB, matraqa, " gourdin " ;
dom. /Arme; Instrument de musique/ - src. GLLF ; TLF ; GR.

Matras (113) (1651)
ar. matra ? ; matara ?, " vase " ;
var. materas (1560) ;
dom. /Récipient, " vase de verre à long col, employé en chimie "/ - src. GLLF ; TLF ; GR.

Mazout (1899)
ar. makhzula:t ;
int. (RUSS) mazu:t ;
dom. /Résidu/ - src. GLLF ; TLF ; GR.

Méchoui (1922)
ar. MGRB, michwi:, " rôti de mouton à la broche sur les braises d'un feu de bois " ;
dom. /Art culinaire/ - src. GLLF ; TLF ; GR.

Mechta (1950)
ar. MGRB, machta:, " maison de terre ou de torchis " au Maroc; " hameau constitué d'un certain nombre de gourbis " en Algérie et en Tunisie pendant la colonisation :
dom. /Habitation/ - src. GLLF ; TLF ; GR.

Médersa (1876)
ar. MAGB, medresah, " établissement d'enseignement supérieur musulman " ;
var. médressé (1846) ;
dom. /Etablissement scolaire (désigne l'école primaire élémentaire, aujourd'hui)/ - src. GLLF ; TLF ; GR.

Médina (1723)
ar. madi:na, " ville " ;
dom. /Monument arabe; désigne dans les villes arabes " la partie ancienne d'une ville par opposition aux quartiers récents "/ - src. GLLF ; TLF ; GR.

Medjidite (1873)
ar. medjid ;
dom. /Chimie/ - src. GLLF.

Méhalla (1931)
ar. mehala, " campement " ;
dom. /Terme militaire des français en Afrique du Nord/ - src. GLLF ; TLF ; GR.

Méhari (1822)

ar. MGRB, mehri, “ dromadaire domestique de selle ” ;
var. el mahri (1637) ; mahari (1853) ; méherry (1882) ;
dom. /Zoologie/ - src. GLLF ; TLF ; GR.

Mektoub ! (1900 D)
ar. maktu:b, “ ce qui est écrit est écrit ” ;
dom. /Religion musulmane/ - src. GLLF ; TLF ; GR.

Mellâh (1903)
ar. millâh, “ saloir ” ;
dom. /Quartier; “dans les villes du Maroc, il désigne le quartier juif”/ - src. GLLF ; TLF ; GR.

Merguez (1953)
ar. MAGB, merga:z, “ petite saucisse fortement épicée ” ;
dom. /Art culinaire/ - src. TLF ; GR.

Mérinos (1781)
ar. banû-meri:n, “ les Marinides ” ;
int. (ESPL) merinos ;
dom. /Ethnie, Tribu qui domina le Maroc du XIIIème au XVème siècle; Zoologie, mouton à laine blanche de l’Afrique du Nord/ - src. GLLF ; TLF ; GR.

Mesquin (114) (1611)
ar. miski:n, “ pauvre, chétif ” ;
int. (ITAL) meschino ;
dom. /Pauvre/ - src. GLLF ; TLF ; GR.

Mihrab (1874)
ar. mihra:b, “ niche placée au milieu du mur de fond, dans les mosquées, et indiquant la direction de La Mecque ” ;
var. mihrah (1849) ;
dom. /Religion musulmane/ - src. GLLF ; TLF ; GR.

Minaret (1654)
ar. mina:ra ; manâra, " phare " ;
int. (TURC) mina:re ; mìnarì ;
var. mineret (1606) ;
dom. /Monument arabe/ - src. GLLF ; TLF ; GR.

Mohair (1860)
ar. Mukhayyar, " choix " ;
int. (ANGL) mohair ; hair, " poil " de la chèvre angora ;
dom. /Tissus et étoffes/ - src. GLLF ; TLF ; GR.

Moharram (115) (1600)
ar. Moharram, " interdit et sacré " ;
var. moharrem ;
dom. /Religion musulmane, Ier mois du calendrier musulman ; Hégirien/ - src. GR.

Mohatra (1600)
ar. mukha:tarah ;
int. (ESPL) mohatra ;
dom. /Histoire/ - src. GR.

Moka (1773)
ar. moka:, " ville d'Arabie " ;
var. môcha (1721) ;
dom. /Café/ - src. GLLF ; TLF ; GR.

Mollah ou
Mullah (1790)
ar. mawla:, " seigneur " ;
var. molla (1656) ;
dom. /Titre " donné à ceux qui exercent des fonctions juridiques ou religieuses "/ - src. GLLF ; TLF ; GR.

Momie (1200)
ar. PESN, mu:miya, mûm, " cire " ;

int. (LATM) mummia ;
dom. /Substance/ - src. GLLF ; TLF ; GR.

Morfil (1545)
ar. 'azm al-fi:l, " l'os de l'éléphant, l'ivoire " ;
int. (ESPL) marfil ;
var. marfil (1553) ;
dom. /Ivoire/ - src. GLLF ; TLF ; GR.

Mosquée (116) (1553)
ar. Masdjid, " lieu où l'on adore " ;
var. meschita (1340) ; musquette (1351) ;
miskita (1435) ; mosquez (1528) ;
dom. /Religion musulmane/ - src. GLLF ; TLF ; GR ; Steiger ; Lokotsch.

Moucharaby ou
Moucharabieh (1846)
ar. Machrabîya, " grillage en bois placé devant une fenêtre et qui permet de voir sans être vu ";
var. moucharabieh (1903) ;
dom. /Habitation/ - src. GLLF ; TLF ; GR.

Moujingue (1915)
ar. ALGR, moujangue ? ;
int. (ESPL) muchacho, " enfant "
dom. /Terme populaire/ - src. GR.

Mouloud (1931)
ar. Mawlid, " né, anniversaire de la naissance du Prophète " ;
dom. /Fête religieuse/ - src. GLLF ; TLF ; GR.

Mousseline (1656)
ar. Mausûl, " Môsoul, ville de la Mésopotamie " ;
int. (ITAL) mussolino ;

var. mosulin (1298) ;
dom. /Tissus et étoffes/ - src. GLLF ; TLF ; GR.

Mousson (1622)
ar. mausim, “ époque, saison ” ;
int. (PORT) mauçao ; (NEER) monçon ;
var. mouçone (1598) ; mouson (1602) ;
dom. /Climatologie/ - src. GLLF ; TLF ; GR.

Mozarabe (1732)
ar. musta‘rib, “ arabisé ” ;
int. (ESPA) moza‘arabe ;
var. musarabe (1690) ;
dom. /Histoire/ - src. GLLF ; TLF ; GR.

Mstaba/Mastaba (1888)
ar. mastabah, “ banc ” ;
dom. /Monument arabe/ - src. GLLF ; TLF ; GR.

Mudejar (1722)
ar. Mudayyan, “ pratiquant ” ;
int. (ESPL) mudejares ;
var. mudéjare ;
dom. /Musulman d’Espagne/ - src. GLLF ; TLF ; GR.

Muezzin (1823)
ar. mu´adhdhin, “ celui qui appelle à la prièrc ” ;
int. (TURC) muezzin ;
var. maizin (1568), meussin (1605), muezim (1654) ;
dom. /Fonctionnaire/ - src. GLLF ; TLF ; GR.

Mufti ou
Muphti (1628)
ar. mufti:, “ juge ” ;
var. mofty (1546), muphti (1550) ;
dom. /Titre religieux/ - src. GLLF ; TLF ; GR.

Musulman (1680)
ar. Muslim, “ fidèle, croyant ” ;
int. (PERS) muslma:n ;
var. mussulman (1593) ;
dom. /Religion musulmane/ - src. GLLF ; TLF ; GR.

Nabab (1653)
ar. nawwa:b ; naïb, “ lieutenant ” ;
int. (HIND) nabab ;
var. navabo (1614), nabob (1777) ;
dom. /Titre donné dans l'Inde aux “ grands dignitaires de la cour des sultans et des gouverneurs de province ”/ - src. GLLF ; TLF ; GR.

Nabka (1800 D)
ar. nabiga ;
var. nabquah (1874) ;
dom. /Botanique/ - src. GLLF ; GR.

Nacaire (117) (1306)
ar. Naqqâra, “ coquille, timbale ” ;
dom. /Musique/ - src. GLLF ; TLF ; GR.

Nacarat (1640)
ar. Naqqâra, “ coquille ” ;
int. (ESPL) nacardo ;
var. nacarde (1578) ;
dom. /Couleur perle/ - src. GLLF.

Nacha (1888)
ar. nacha ;
dom. /Moeurs/ - src. GLLF.

Nacre (118) (1560)
ar. Naqqâra, “ coquille ” ;
int. (ITAL) naccaro ;

var. nacrum (1347) ; nacle (1389) ;
dom. /Coquillage/ - src. GLLF ; TLF ; GR.

Nadir (119) (1556)
ar. nazi:r, “ opposé [au zénith] ” ;
var. nador (1361) ;
dom. /Astronomie/ - src. GLLF ; TLF ; GR.

Nafé (1845)
ar. na:fi‘, “ qui fait du bien ” ;
dom. /Botanique, “ fruit du ketmie, dont on fait une pâte, un sirop pectoral ”/ - src. GR ; TLF.

Naffe (120) (1505)
ar. ma′ nafha, “ eau d'odeur ” ;
dom. /Odeur/ - src. GLLF ; TLF ; GR.

Natron ou **Natrum**
Natrium (1665)
ar. natru:n ;
int. (ESPL) natron ;
var. natrum (1665-1765) ;
dom. /Chimie, “ carbonate de sodium hydraté naturel” / - src. GLLF ; GR.

Nebka (1931)
ar. nabka ;
dom. /Géographie, “ petite dune formée à l'abri d'une touffe de végétation ”/ - src. GLLF ; TLF ; GR.

Nedjdi (1846)
ar. nadjdi ;
var. nedjidi (1854) ;
dom. /Hippologie/ - src. GLLF ; TLF ; GR.

Nénuphar (1560)

ar. nainnu:far ; nïnu:far ;
dom. /Botanique, plante aquatique (Nymphéacées) qui croît dans les pays chauds et tempérés/ - src. GLLF ; TLF ; GR.

Niquer (1890)
ar. MGRB, yinnik, " forniquer " ;
dom. /Argot vulgaire/ - src. GLLF ; TLF ; GR.

Nizeré (1877)
ar. PERS, nizrin, " rose musquée " ;
dom. /Essence de roses blanches/ - src. GLLF ; TLF ; GR.

Noria (121) (1792)
ar. na:`ura, " roue hydraulique " ;
int. (ESPL) noria ;
dom. /Irrigation/ - src. GLLF ; TLF ; GR.

Nouala (1963)
ar. nwa:la ;
dom. /Géographie/ - src. GLLF ; GR.

Nouba (122) (1897)
ar. ALGR, nu:ba, " tour de rôle " ;
dom. /Musique des anciens régiments de tirailleurs nords-africains/ - src. GLLF ; TLF ; GR.

Nuque (1314)
ar. Nukha:, " moelle épinière " ;
int. (LATM) nucha, nuca ;
dom. /Anatomie/ - src. GLLF ; TLF ; GR.

Orange (123) (1300 F)
ar. PERS, na:randj ?
int. (ITAL) melarancia ;
dom. /Fruit/ - src. GLLF ; TLF ; GR.

Orseille (1440)
ar. MZAR, orchella ;
int. (CATL) orxella ; orcella ;
dom. /Botanique/ - src. GLLF ; TLF ; GR.

Ottoman (124) (1654)
ar. ´othmân, " nom propre du fondateur d'une dynastie qui règna sur la Turquie ";
dom. /Histoire de l'Empire Ottoman, empire turc de 1299 à 1918/ - src. GLLF ; TLF ; GR.

Ouate (1661)
ar. bata:´in ? ;
int. (ITAL) ovatta ;
dom. /Laine, soie, coton/ - src. GLLF; GR.

Oued (1874)
ar. wa:di, " cours d'eau " ;
dom. /Géographie des rivières de l'Afrique du Nord, " d'une crue violente et passagère "/ - src. GLLF ; TLF ; GR.

Papegai (1155)
ar. babbaghâ ;
int. (PROV) papagai ;
dom. /Ornithologie/ - src. GLLF ; TLF ; GR.

Pastèque (1619)
ar. batti:kha ; al-batti:kha ;
int. (PORT) pateca ;
var. patèque (1512) ;
dom. /Fruit/ - src. GLLF ; GR.

Patache (125) (1566)
ar. bata:ch, " bateau à deux mâts " ;
int. (ESPL) pataje ; (ESPA) patache ;

dom. /Navire/ - src. GLLF ; GR.

Quintal (126) (1298)
ar. qinta:r ; qanta:r, “ poids de cent ” ;
int. (LATM) quintale ;
dom. /Mesures et poids/ - src. GLLF ; GR.

Quirat (1875)
ar. qirât ;
dom. /Droit maritime, “ part que l’on a dans la propriété d’un navire ”/ - src. GLLF ; GR.

Rabab ou **Rebab**
Rebeb (1875)
ar. raba:ba´ ;
var. ribab (1313) ; rebeb (1875) ;
dom. /Instrument de musique à cordes frottées et à table de peau/ - src. GLLF.

Racahout (1875)
ar. ra:hat -qût ;
var. racaou (1833) ;
dom. /Pharmacie, “ fécule alimentaire composée de salep, cacao, gland doux, fécule de pomme de terre, riz, sucre, vanille, anciennement en usage chez les Turcs et les Arabes, et employée en France au XIXème siècle ”/ - src. GLLF ; GR.

Rahat-loukoum (1853)
ar. ra:ht al-hulqu:m, “ le repos de la gorge ” ;
dom. /Confiserie/ - src. GLLF ; GR.

Rahba (127) (1963)
ar. MGRB, rahba, “ place ” ;
dom. /Monument arabe/ - src. GLLF ; GR.

Raïa ou
Raya (128) (1700 O)
ar. TURK, ra`iyyah, “ troupeau ” ;
dom. /Histoire, “ terme de mépris dont les Turcs se servaient pour désigner leurs sujets non musulmans ”/ - src. GR.

Raïs (129) (1956)
ar. EGYP, ra:'is, “ chef ” ;
dom. /Chef de l'Etat en Egypte, par exemple/ - src. GR.

Raïta (1900)
MGRB
dom. /Instrument de musique/ - src. GR.

Raki (1827)
ar. ‘araq, “ sueur ”;
int. (TURC) raqui ;
var. raqui (1628) ;
dom. /Liqueur/ - src. GLLF ; GR.

Ramadam (130) (1546)
ar. ramada:n, “ neuvième mois de l'année lunaire musulmane, consacré au jeûne ” ;
dom. /Religion musulmane/ - src. GLLF ; GR.

Rambla (1900 D)
ar. ramla, “ sable ”;
dom. /Monument arabe/ - src. GLLF.

Ramdam (131) (1896)
ar. ALGR, ramdan ;
dom. /Fête, terme pop. du temps de la colonisation française en Afrique du Nord pour désigner le “ vacarme ”/ - src. GLLF ; GR.

Rame (IV) (132) (1507)
ar. rizma ; razma, “ ballot ” ;
int. (CATL) raima ;
dom. /Commerce de papier/ - src. GLLF ; GR.

Raquette (1400 F)
ar. Râhet, “ paume de la main ” ;
int. (LATM) rasceta ;
dom. /Jeu/ - src. GLLF ; GR.

Ras (II) (1683)
ar. Ras, “ chef, tête ”;
var. arraze (1556) ; eras (1614) ;
dom. /Chef en Ethiopie/ - src. GR.

Razzia (1841)
ar. ALGR, gha:zya ;
ar class. ghazwa ou ghazâwa, “ coup de main, expédition rapide ”
dom. /Terme militaire de la colonisation/ - src. GLLF ; GR.

Réalgar (1300 F)
ar. rehj alghar, “ poudre de cave ” ;
var. riagal (1330) ; realgar (1377) ;
dom. /Chimie, “sulfure naturel d’arsenic, de couleur rouge”/ - src. GLLF ; GR.

Rebab (v. **Rabab)** (1850)
ar. raba:ba´ ;
dom. /Musique/ - src. GLLF ; GR.

Rébec (133) (1379)
ar. raba:b ;
dom. /Instrument de musique, “ sorte de viole à trois cordes et à archet ”/ - src. GLLF ; GR.

Récif	(1688)
ar.	al-rasi:f, " chaussée, digue " ;
int.	(ESPL) arrecife ;
dom.	/Géographie, rocher ou chaîne de rochers à fleur d'eau/ - src. GLLF ; GR.
Rezzou	(1904)
ar.	ghezu: " bande armée qui se constituait au Sahara, en vue d'un raid de pillage " ;
dom.	/Terme militaire de la colonie/ - src. GLLF : GR.
Rhazal	
(v. **Ghazel)**	(1964)
dom.	/Poésie lyrique/ - src. GLLF ; GR.
Ribésiées	(1846)
ar.	riba:s ;
dom.	/Botanique/ - src. GR.
Rob	(1507)
ar.	Robub, robob, " sirop végétal " ;
dom.	/Pharmacie; extrait de suc exprimé et non fermenté de fruit/ - src. GLLF ; GR.
Rock	(1798)
ar.	Rokh, " oiseau fabuleux " ;
var.	ruc (1298) ;
dom.	/Bestiaire légendaire des contes orientaux/ - src. GLLF ; GR.
Romaine (134)	(1400 M)
ar.	rumma:na, " balance " ;
int.	(PRVA) romana ;
var.	romanne (1440) ;
dom.	/Commerce; instrument de poids/ - src. GLLF ; GR.

Rotte (1598)
ar. MGRB, ratal ;
var. rote (1368) ; rotls (1411) ;
dom. /Métrologie/ - src. DDL.

Roumi (135) (1846)
ar. rumi:, “ chrétien au Maghreb ” ;
dom. /Relations avec l’Occident/ - src. GLLF ; GR.

Rubèbe (1280)
ar. raba:ba´ ;
dom. /Intrument de musique/ - src. GLLF ; GR.

Saâ (1846)
ar. TUNS, sa ‘ah ;
dom. /Métrologie/ - src. GR.

Sabra (136) (1950)
ar. JUAR, sabra ;
dom. /Populations du Monde Arabe/ - src. GR.

Sacre (137) (1298)
ar. saqr ; saker ; çaqr, “ faucon mâle ” ;
dom. /Ornithologie/ - src. GLLF ; GR.

Safari (138) (1964)
ar. safara, “ voyager ”;
dom. /Chasse/ - src. GLLF ; GR.

Safran (I) (139) (1100)
ar. za`fra:n ;
int. (LATM) safranum ;
dom. /Botanique/ - src. GLLF ; GR.

Safran (II) (1573)
ar. za`fra:n ;

var. saffran (1382) ; saffryn (1382) ;
dom. /Marine/ - src. GLLF ; GR.

Sagaie (1637)
ar. (BERB) az-zaghâya, “ javelot court ” ;
int. (ESPA) azagaia ;
var. zagaye (1538) ; azagaye (1546) ;
dom. /Arme/ - src. GR.

Sahel (1854)
ar. sa:hil, “ le littoral ” ;
dom. /Géographie/ - src. GLLF ; GR.

Sahib (1933)
ar. sa:hib, “ ami ” ;
dom. /Titre de respect en Inde/ - src. GLLF ; GR.

Sahraoui (140) (1977)
ar. sahra:wi:, “ habitant du Sahara occidental ” ;
dom. /Géographie/ - src. GR.

Sakieh (141) (1876)
ar. sa:qiya, “ canal d’irrigation ” ;
var. saquièr (1850) ;
dom. /Irrigation/ - src. GLLF.

Salamalec (142) (1560)
ar. sala:m `alaik, “ que la paix soit sur toi ” ;
dom. /Salutations/ - src. GLLF ; GR.

Salep (1740)
ar. Sahlab, “ fécule ” ;
dom. /Médecine; aliment tonique d’origine asiatique à base de tubercules d’orchis/ - src. GLLF ; GR.

Sambouk (1500)

ar. sambu:q ;
int. (SOML) sambuq ; (PORT) sambuco ;
dom. /Navire/ - src. GLLF ; GR.

Santal (1568)
ar. sandal ;
int. (LATM) sandalum ;
var. sandal (1298) ; sandalle (1314) ; azándar (1541) ;
dom. /Substance aromatique/ - src. GLLF ; GR.

Saoudien (1900 M)
ar. sa`u:di ;
dom. /Populations de l'Arabie Saoudite/ - src. GR.

Saphène (1314)
ar. sa:fi:n, " apparent, veine " ;
dom. /Anatomie; " chacune des deux veines qui collectent le sang des veines superficielles "/ - src. GLLF ; GR.

Sarabande (1605)
ar. (PERS) serbend, " danse " ;
int. (ESPL) zarabanda ;
var. sarabante ;
dom. /Chorégraphie/ - src. GR ; TLF.

Saroual (1887)
ar. sirwa:l, " pantalon " ;
var. séroual ;
dom. /Costume/ - src. GR.

Sarrasin (1080)
ar. charqiyyi:n, pl. de charki ou charqi, " oriental " ;
int. (LATN) sarracenus ;
dom. /Nom donné par les Occidentaux du Moyen Age aux Musulmans d'Europe et d'Afrique/

- src. GR.

Satin (143) (1387)
ar. zaitu:ni ,“ olivâtre ” ;
int. (ESPL) acetuni ; (ITAL) setino ;
var. zatanin ; saturnin (1300) ;
dom. /Tissus et étoffes/ - src. GLLF ; GR.

Sébeste (144) (1555)
ar. sibista:n ; sabasta:n ; (PERS) sapista:n ;
var. sebestin (1256) ;
dom. /Botanique/ - src. GLLF ; GR.

Sébile (1417)
ar. sabîl ; “ aumône ”;
dom. /Ecuelle de bois, ronde et presque plate/ - src. GR.

Sebkha (145) (1874)
ar. sabkha, “ lagune, lac salé ” ;
var. sebka ;
dom. /Géographie/ - src. GLLF ; GR.

Seguia ou
Seghia (146) (1897)
ar. sa:qiya ; saghiya, “ canal d'irrigation ” ;
dom. /Irrigation/ - src. GLLF ; GR.

Séide (1819)
ar. Zayd, “ nom propre ”, il indique dans la comparaison une “personne quelconque, un nom commun” ;
dom. /Littérature ; personnage de *Mahomet*, tragédie de Voltaire/ - src. GLLF ; GR.

Sélam (1771)
ar. Salam, “ paix ” ;

dom.	/bouquet de fleurs/ - src. GR.

Séné	(1200)
ar.	sana: ;
int.	(LATM) sene ;
dom.	/Botanique; légumineuse du genre " cassia "/ - src. GLLF ; GR.

Sequin (147)	(1595)
ar.	sikka ; sikki, " pièce de monnaie " ;
int.	(ITAL) et (ANVI) zecchino ;
var.	essequin (1400) ; chequin (1540) ; sechin (1570) ;
dom.	/Monnaie/ - src. GLLF ; GR.

Sesbania	(1848)
ar.	PESN, sisaban ;
int.	(LATB) sesbanus ;
var.	sesban (1730) ; sesbanie ;
dom.	/Botanique/ - src. GLLF ; GR.

Sha´ria	(1900 M)
ar.	chari:`a ;
dom.	/Droit islamique/ - src. GR.

Shitan	(1954)
ar.	chayta:n, " malin, démon " ;
dom.	/Religion musulmane/ - src. DDL.

Sidi (148)	(1847)
ar.	si:di, " monsieur, seigneur " ;
dom.	/Terme de politesse/ - src. GLLF ; GR.

Sif	(1964)
ar.	Sayf, " été " ;
dom.	/Expression militaire, " expédition militaire

d'été "/ - src. GLLF ; TLF.

Siglaton (1130)
ar. siqla:tu:n ;
var. ciclaton (1080) ;
dom. /Tissus et étoffes/ - src. GLLF ; TLF ; GR.

Simoun (1828)
ar. samu:n, " vent violent et extrêmement chaud " ;
int. (ANGL) simoon ;
var. samun (1777) ; simoon (1791) ; semoun (1822) ;
dom. /Climatologie/ - src. GLLF ; GR.

Siroco ou
Sirocco (1575)
ar. charqi:, " vent chaud de l'est " ;
int. (ITAL) scirocco ;
var. siloc (1265) ; ciroch (1538) ; siroch (1552) ;
dom. /Climatologie/ - src. GLLF ; GR.

Sirop (149) (1175)
ar. chara:b, " boisson " ;
int. (LATM) syrupus ;
dom. /Boisson/ - src. GLLF ; GR.

Sloughi (1873)
ar. MGRB, slu:gi:, " levrier " ;
var. slougui (1848) ;
dom. /Zoologie/ - src. GLLF ; GR.

Smala ou
Smalah (1847)
ar. MGRB, zama:la ;
var. smalah (1845) ;
dom. /Réunion de tentes/ - src. GLLF ; GR.

Sofa (1690)
ar. suffa ; (TURC) sofa ;
var. sapha (1560)
dom. /Divan/ - src. GLLF ; GR.

Sophora (1737)
ar. sophera ;
int. (LATS) sophora ;
var. sophore (1846) ;
dom. /Botanique/ - src. GLLF ; GR.

Sorbet (1553)
ar. churba:t, churba, charba:t ; “ boisson ” ;
int. (TURC) chorbet ;
dom. /Boisson/ - src. GLLF ; GR.

Souahéli ou
Swahili (1904)
ar. swa:hil, “ langue bantoue écrite en caractères arabes depuis le XVIème siècle dans toute l’Afrique orientale ” ;
dom. /Langues africaines/ - src. GLLF ; GR.

Soudan (150) (1196)
ar. sulta:n ;
dom. /Prince/ - src. GLLF ; GR.

Soudanais (151) (1846)
ar. bila:d s-su:dan ; “ pays du Soudan ” ;
dom. /Populations de l’Afrique/ - src. GR.

Soude (1660)
ar. suwwa:d ; “plante des terrains salés ” ;
int. (LATM) soda ; (ITAL) soda ;
dom. /Botanique - Chimie/ - src. GLLF ; GR.

Soufi (152) (1834)
ar. Souf, “ laine ” vêtement des ascètes ou soufis ;
dom. /Religion musulmane/ - src. GLLF ; GR.

Souk (1848)
ar. soûq , “ marché ”;
dom. /Marché/ - src. GLLF ; GR.

Sucre (1200 F)
ar. sukkar ;
int. (ITAL) zucchero ; (INDN) ´sakkara ; (SANK) ´sarkara ;
var. çucre (1175) ;
dom. /Substance/ - src. GLLF ; GR.

Sultan (153) (1540)
ar. sulta:n ;
int. (TURC) soltân ;
var. soltan (1298) ; soudan (1400-1600) ;
dom. /Souverain/ - src. GLLF ; GR.

Sumac (154) (1200)
ar. summa:q, “ arbre fournissant des vernis, des laques ” ;
dom. /Botanique/ - src. GLLF ; GR.

Sunna (1740)
ar. Sunna, “ tradition ” ;
dom. /Religion musulmane/ - src. GLLF ; GR.

Surate (1732)
ar. su:râh ; pl. su:rât, “ chapitre du Coran ” ;
var. sourate (1872) ;
dom. /Religion musulmane/ - src. GLLF ; GR.

Tabaski (1900)
ar. tabaski ;

dom. /Fête/ - src. GR.

Tabi (1904)
ar. tabi ;
dom. /Tradition islamique/ - src. GLLF ; GR.

Tabis (1300 F)
ar. `atta:bi:ya ;
dom. /Tissus et étoffes/ - src. GLLF ; GR.

Tabor (1923)
ar. MGRB, tabu:r ;
dom. /Terme militaire qui désignait un corps de troupes marocain sous la colonisation/ - src. GLLF ; GR.

Taboulé (1975)
ar. SYRI, tabu:li, “ relevé avec des condiments ” ;
dom. /Art culinaire/ - src. GR.

Taïba (1895)
ar. MGRB, taiba, “ parfait ” ;
dom. /Terme populaire de la colonisation pour désigner l’état de santé/ - src. DDL.

Tajine (1960)
ar. MGRB, tadji:n, “ragoût de mouton, de poulet ” ;
dom. /Art culinaire marocain/ - src. GR.

Talc (1518)
ar. talq, “ poudre de silice ” ;
dom. /Chimie/ - src. GLLF ; GR.

Taleb (155) (1800)
ar. MGRB, ta:lib, “ étudiant, élève de théologie ” ;
dom. /Religion musulmane/ - src. GR.

Talisman (1629)
ar. tilasman ; tilsam ;
int. (GREC) telesma, “ rite religieux ” ;
dom. /Magie/ - src. GLLF ; GR.

Tamarin (1400)
ar. tamr hindi,“ dattes des Indes ” ;
int. (HIND) tamarin ; (LATM) tamarindus ;
var. tamarandi (1298) ;
dom. /Fruit/ - src. GLLF ; GR.

Tamaris ou
Tamarix (1200)
ar. tamr ; tamar, “ dattes ” ;
int. (LABA) tamariscus ;
var. thamarisque (1213) ;
dom. /Botanique/ - src. GLLF ; GR.

Tambour (1300)
ar. attambu:r, (PERS) tabir, “ instrument à cordes ” ;
int. (CATL) tambor ;
var. tambor (1200) ;
dom. /Instrument de musique/ - src. GLLF ; GR.

Tarbouch (1845)
ar. MGRB, tarbu:ch, “ bonnet ” ;
dom. /Costume/ - src. GLLF ; GR.

Tare (1318)
ar. Tarh, “ défalcation, remise, escompte, rabais ” ;
int. (ITAL) tara ;
dom. /Commerce, poids et mesures/ - src. GLLF ; GR.

Targui (1857)
ar. MGRB, targi:, “ m.s. de touareg ” ;
var. touarik (1839) ; touareg ; touarègue ;

dom. /Populations nomade du Sahara/ - src. GR.

Taride (156) (1200 M)
ar. tari:da, “ bateau utilisé en Méditerranée pour le transport des chevaux ” ;
int. (PRVA) tarida ;
dom. /Navire/ - src. GLLF ; GR ; Kindermann ; Pell.

Tarif (157) (1641)
ar. ta'ri:f ; ta'rifa, “ reconnue (la viande) fraîche ” ;
int. (ITAL) tariffa ;
var. tariffe (1572) ;
dom. /Commerce; anciennement du monde juif de la Sicile/ - src. GLLF ; GR; Pell.

Tarot (1604)
ar. Tarh, “ rabais, escompte, remise, défalcation ” ;
int. (ITAL) tarocco ;
var. tarau (1534) ;
dom. /Jeu de cartes/ - src. GLLF ; GR.

Tasse (158) (1150)
ar. tassa ;
dom. /Récipient/ - src. GLLF ; GR.

Timbale (1492)
ar. PERS, attabal, “ tambour ” ;
int. (ESPL) tabal ; atabal ; atabale (1500) ;
var. tinballe (1471) ;
dom. /Instrument de musique/ - src. GLLF ; GR.

Tir (1923)
ar. MARO, tir ;
dom. /Géographie de l'Afrique du Nord/ - src. GLLF ; GR.

Tok (1876)
ar. Tawq, “ collier ” ;
dom. /Parure/ - src. GLLF.

Touareg (159) (1864)
ar. BERB, tawa:rig ;
dom. /Populations nomade du Sahara/ - src. GLLF ; GR.

Toubab (1900 M)
ar. tuba:b ;
dom. /Européen/ - src. GR.

Toubib (160) (1863)
ar. MGRB, tabib ; tbi:b, “ médecin ” ;
dom. /Argot militaire de la colonisation/ - src. GLLF ; GR.

Truchemen ou
Trucheman (161) (1530)
ar. tourdjouma:n ; targumân ; targamân, “ traducteur, interprète ”;
var. drugement (1100) ; drogman ;
dom. /Littérature/ - src. GLLF ; GR.

Turbeh ou
Turbé (1654)
ar. Turbeh, “ tombe ”;
var. turbé ;
dom. /Edifice funéraire musulman; v. Marabout/ - src. GLLF ; GR.

Turbith (162) (1200)
ar. PESN, turbid ; turbad, “ jalap de l’Inde ” ;
int. (LATB) convolvulus turpçthum ;
dom. /Pharmacie; purgatif/ - src. GLLF ; GR.

Turc (1207)

ar. turk ; (PERS) turk ;
int. (GREC) tourks ; (MONGOL) türküt ;
dom. /Géographie/ - src. GR.

Tuthie ou
Tutie (1560)
ar. tuthia ; tutja ;
dom. /Chimie; oxyde de zinc qui se produit dans la calcination de certains minerais/ - src. GLLF ; GR.

Uléma ou
Ouléma (1765)
ar. ‘ulama:, “ savant ” ;
dom. /Titre de docteur de la loi, théologien musulman dans les pays arabes/ - src. GLLF ; GR.

Usnée (1530)
ar. Ushnah, “ mousse ” ;
int. (LATM) usnea ;
dom. /Botanique; lichen de couleur grisâtre et à longs cils/ - src. GR.

Varan (1812)
ar. Waran, waral, “ lézard géant ” ;
int. (LATZ) varanus ;
var. varain (1810) ;
dom. /Zoologie; reptile saurien, carnivore, de l’Afrique et de l’Asie/ - src. GLLF ; GR.

Vilyet (1869)
ar. Wilâya, “ gouvernorat ” ;
int. (TURC) vilâyet ;
dom. /Administration/ - src. GLLF ; GR.

Yaouled (1900)
ar. MGRB, oulad, “ jeune garçon ” ;

dom. /Jeune cireur sous la colonisation française/ - src. GR.

Zaghaoua (1964)
ar. LYBI, zaghaoua ;
dom. /Linguistique/ - src. GLLF.

Zain (1575)
ar. Zain, " cheval dont la robe n'a aucun poil blanc ";
int. (ESPL) zaino ; (ITAL) zaino ;
dom. /Hippologie/ - src. GLLF ; GR.

Zaouia (163) (1860)
ar. za:wiya, " sanctuaire ";
dom. /Etablissement religieux/ - src. GLLF ; GR.

Zébi (1870)
ar. MGRB, zebbi ;
dom. /Terme populaire maghrébin pour désigner " le phallus, la verge "/ - src. GLLF ; GR.

Zéen (1872)
ar. za:n ;
dom. /Botanique; sorte de chêne de la région de Khroumirie (Tunisie)/ - src. GLLF ; GR.

Zem-zem (0000)
ar. ma:´ zimzim, " eau bénite de Zemzem que rapportent les pèlerins de l'Arabie Saoudite " ;
dom. /Religion musulmane/ - src. GR.

Zénith (1527)
ar. samt ar-ra´s, " chemin au-dessus de la tête " ;
var. cenith (1361) ;
dom. /Astronomie/ - src. GLLF ; GR.

Zerbia (1876)
ar. ALGR, zarbiya, “ tapis ” ;
dom. /Artisanat/ - src. GLLF ; GR.

Zéro (1485)
ar. Sifr, “ vide, chiffre ” ;
int. (ITAL) zero ;
dom. /Mathématiques/ - src. GLLF ; GR.

Zérumbet (1701)
ar. zarunba:d ;
int. (PERS) zurunba:d ;
var. zerumbet (1542) ; zerumbeth (1694) ;
dom. /Botanique; plante voisine du gingembre aux propriétés stimulantes/ - src. GLLF ; GR.

Zibeth (1876)
ar. zaba:d ;
int. (LATZ) zibethas ;
var. zibet (1761) ;
dom. /Zoologie/ - src. GLLF ; GR.

Zindiq (1964)
ar. zindi:q ;
dom. /Religion musulmane/ - src. GLLF.

Zinzolin (1538)
ar. Djudjulân, “ semence de sésame ” ;
int. (ESPL) cinzolino ; (ITAL) zuzzulino ;
var. zingolin (1599) ; gingeolin (1642) ;
dom. /Couleur d’un violet rougeâtre/ - src. GLLF ; GR.

Zob (1894)
ar. MGRB, zobb ;
dom. /Terme populaire pour désigner “ le phallus, la verge ”/ - src. GLLF ; GR.

Zouave	(1830)
ar.	ARBR, zwa:wa, “ nom d’une tribu kabyle ” ;
dom.	/Population arabo-berbère d’Algérie/
	- src. GLLF ; GR.

CLASSEMENT PAR ORDRE CHRONOLOGIQUE

(0000) Inch allah
Zem-zem
(1080) Azur
Sarrasin
(1100) Safran (I)
(1130) Siglaton
(1150) Farde
Tasse
(1155) Hasard
Papegai
(1160) Barbacane
Coton
(1165) Carmin
(1168) Ecarlate
(1175) Mat
Sirop
(1180) Garingal
(1188) Jupe
(1196) Soudan
(1200) Amiral
Antimoine
Avarie
Camphre
Caraque (I)
Drogman
Emir
Hoqueton
Jarre
Jaseran
Momie
Séné
Sumac
Tamaris
Turbith
(1200 M) Taride
(1200 F) Sucre
(1207) Turc
(1220) Laiton
(1225) Balais
(1245) Cubèbe
(1250) Arsenal
(1256) Candi
Cuscute
(1260) Barde (I)
Basane
Genette
(1265) Alambic
Almageste
(1268) Ambre
(1275) Alchimie
(1280) Rubèbe
(1287) Avanie
(1298) Galanga
Gazelle
Girafe
Quintal
Sacre
(1300 D) Orange
Réalgar
(1300) Ben (II)
Elixir
(1300 F) Tambour
Algèbre
Genet
Tabis
(1306) Nacaire
(1314) Cétérac
Limon (III)

Nuque
Saphène
(1318) Tare
(1330) Gabelle
(1351) (Cadi
Fustet
(1355) Carat
(1360) Calife
(1363) Alcali
(1367) Bardot
(1375) Almanach
(1379) Rébec
(1382) Calfater
(1387) Satin
(1394) Arsenal
Guitare
(1398) Carvi
Julep
(1400 M) Romaine
(1400) Magasin
Tamarin
(1400 F) Raquette
(1415) Alidade
Darse
(1417) Sébile
(1418) Cramoisi
(1425) Bédégar
(1431) Amalgame
(1440) Kermès
Orseille
(1448) Caban
(1464) Chiffre
(1466) Grabeau
(1467) Civette (I)
(1470) Azulejo
(1478) Calibre

Couffin
(1480) Hardes
Massicot
(1485) Zéro
(1490) Chamarre
(1492) Colcotar
Timbale
(1500 D) Douane
(1500) Laque
Sambouk
(1500 M) Jasmin
(1505) Naffe
(1507) Rame (IV)
Rob
(1509) Alcali
(1512) Abricot
Caroube
Gumène
(1518) Talc
(1520) Arack
(1527) Zénith
(1530) Artichaut
Truchemen
Usnée
(1532) Grabeler
(1533) Mosquée
Sorbet
(1534) Alezan
Boutargue
(1535) Albacore
(1537) Cafetan
(1538) Argousin
Benjoin
Zinzolin
(1539) Chervis
(1540) Mahonne

Sultan
(1541) Hénné
(1544) Algorithme
(1545) Aludel
Morfil
(1546) Alberge
Bédouin
Bostangi
Massepain
Ramadam
(1549) Algarade
(1552) Chérif
(1553) Kali
(1554) Gaze
(1555) Arobe
Lime (II)
Maravédis
(1556) Sébeste
Alcatraz
Hachisch
Hégire
(1558) Nadir
Carafe
(1559) Curcuma
(1560) Assassin
Imam
Marcassite
Nacre
Nénuphar
Salamelec
(1561) Tuthie
Mahaleb
(1564) Luth
(1566) Patache
(1568) Bardache
Santal
(1572) Calebasse
(1573) Aubère
Elémi
Safran (II)
(1575) Alkermès
Almanach
Siroco
(1576) Zain
Alcade
(1581) Alguazil
(1582) Anil
(1586) Alcool
(1589) Camelot (I)
(1593) Bouracan
(1595) Gamache
(1598) Sequin
Aldée
Cafard (I)
Rotte
(1599) Avarie
Liban
(1601) Moharram
Mohatra
Estragon
(1604) Tarot
(1605) Arzel
Bézoard
Sarabande
(1611) Arcanne
Borax
Calfat
Echecs
Fellah
Felouque
Matelas
Mesquin

(1613) Looch
(1615) Alfange
(1617) Douar
Matamore
(1619) Pastèque
(1620) Cohober
(1622) Mousson
(1624) Fetoua
Girel
Ottoman
(1628) Mufti
(1629) Talisman
(1631) Cheikh
(1636) Epinard
(1637) Sagaie
(1640) Nacarat
(1641) Tarif
(1646) Alcôve
(1647) Goudron
(1649) Couscous
(1650) Limonade
(1651) Lilas
Marabout
Matras
(1653) Fakir
Nabab
(1654) Houri
Minaret
Turbeh
(1655) Hammam
(1656) Maîdan
Mousseline
(1657) Coran
(1659) Fondouk
(1660) Almicantarat
Soude
(1661) Ouate
(1664) Gilet
(1665) Café
Couffe
Natron
(1670) Kibla
Mamamouchi
(1672) Kitab
(1675) Aval (II)
Harem
(1678) Jarde
Khan
(1679) Madrague
(1680) Azimut
Musulman
(1683) Ras (II)
(1687) Hadith
(1688) Berbère
Récif
(1690) Marranc
Sofa
(1694) Alkékenge
Azerolc
Azédarac
Caïd
Fargues
Ghazel
Harmale
(1697) Alquifoux
Dinar
Islam
(1700) khôl
Raïe
(1701) zérumbet
(1704) Allah
Assaki

(1708) Copte
Luffa
(1710) Gerboise
(1717) Afrite
Alhagi
(1721) Algérien
Cafre
(1722) Mudejar
(1723) Jubis
(1725) Médina
Haïk
(1727) Babouche
Camaïeu
(1731) Aman
(1732) Mozarabe
Surate
(1735) Burnous
(1737) Sophora
(1739) Kabyle
(1740) Salep
(1743) Sunna
Hadj
(1750) Aubergine
(1751) Azoth
(1752) Alfaqui
(1756) Fandango
(1758) Chébec
(1760) Djinn
(1763) Ketmie
(1765) Chiite
Daman
Uléma
(1771) Sélam
(1773) Moka
(1775) Baobab
(1779) Masser
(1781) Mérinos
(1782) Algazelle
(1783) Chalef
(1785) Almée
(1787) Djebel
Doura
(1789) Kébab
Kief (II)
(1790) Mollah
(1791) Fennec
(1792) Noria
(1798) Alcarazas
Rock
(1799) Kafir
(1800 D) Nabka
(1800) Khotba
Taleb
(1802) Charabia
(1812) Azziminia
Houka
Varan
(1819) Colback
Djérid
Kanoun (I)
Séide
(1821) Goule
(1823) Muezzin
(1826) Aniline
(1827) Alizari
Ayan
Haje
Raki
(1828) Simoun
(1830) Maboul
Zouave
(1831) Alhambra

Litham
(1833) Fantasia
(1834) Mamelouk
Soufi
(1835) Araba
Caratch
Kandjar
(1836) Casbah
(1838) Amin
(1839) Alcavale
Azucarillo
Cange
(1841) Gourbi
Razzia
(1842) Bondjou
(1844) Djellaba
(1845) Coufique
Goum
Koubba
Nafé
(1846) Tarbouch
Diffa
Moucharaby
Nedjdi
Ribésiées
Roumi
Saâ
(1847) Khammès
Sidi
Smala
(1848) Alfa
Barda
Courbache
Sesbania
(1849) Souk
Daya

Ksar
(1850) Rebab
(1851) Cavas
(1852) Bordj
Gandoura
(1853) Khamsin
Méhari
(1854) Rahat-loukoum
Chadouf
Coufieh
(1855) Chéchia
Habara
(1857) Kief (I)
Targui
(1858) Fouta
Gour (I)
(1859) Asfir
Darbouka
Libeccio
(1860) Chott
Guimbri
Guitoune
Mohair
Zaouia
(1863) Anafin
Arbi
Matraque
Toubib
(1864) Doum
Touareg
(1866) Alcazar
Boutre
Chèche
Chouia
(1867) Bézef
Kif-kif

(1869) Dahabieh
Vilyet
(1870) Djemââ
Zébi
(1871) Krak
Macache
(1872) Féridji
Zéen
(1873) Houhou (II)
Kharidjite
Lagmi
Mahdi
Medjidite
Sloughi
(1874) Mihrab
Oued
(1875) Habous
Quirat
Rabab
Racahout
(1876) Médersa
Sakieh
Tok
Zerbia
Zibeth
(1877) Nizeré
(1878) Hafiz
Iftar
Ihram
(1880) Hamada
(1881) Kroumir
Méhalla
Mouloud
Nebka
(1886) Barca !
(1887) Saroual
(1888) Erg
(1890) Mastaba
Nacha
Bahr
Kaiffa
Niquer
(1894) Zob
(1895) Baballah
Taïba
(1896) Ramdan
(1897) Alcancie
Nouba
(1898) Seguia
Askari
(1899) Mazout
(1800 F) Bled
(1900 D) Kémia
Mektoub !
(1900) Rambla
Alaouite
Chorba
Chergui
Dahir
Fatma
Fels
Foggara
(1901) Keffieh
Raïta
Soudanais
Tabaski
Yaouled
Allache
(1903) Baraka
Mellâh
(1904) Harka
Rezzou

Souahéli
Tabi
(1909) Fissa
(1915) Moujingue
(1920) Clebs
Djich
(1922) Méchoui
(1923) Makhzen
Tabor
Tir
(1924) Baroud
(1931) Madjoun
Maghrébin
(1933) Sahib
Sebkha
(1939) Kanoun (II)
(1945) Bendir
(1947) Algarobille
(1950) Mechta
Sabra
(1953) Merguez
(1954) Shitan
(1956) Fedayin
Fellaga
Raïs
(1959) Dirham
(1960) Brick
Harki
Katiba
Tajine
(1962) Harratin
Hassani
Kumquat
Lalla
(1963) Nouala
Rahba
(1964) Rhazal
Safari
Sahel
Sif
Zaghaoua
Zindiq
(1966) Harissa
(1975) Taboulé
(1977) Sahraoui
(1978) Ayatollah
(1900 M) Daïra
Saoudien
Sha'ria
Toubab

CLASSEMENT DES VARIANTES GRAPHIQUES PAR ORDRE ALPHABÉTIQUE

(1512) Abricot
aubercot (1512)

(1717) Afrite
ifriet (1842)
afriet (1842)
effrit (1910)
éfrit (1910)

(1546) Alberge
auberge

(1576) Alcade
arcade (1323)

(1363) Alcali
alkali (1509)

(1798) Alcazaras
carraço (1330)

(1556) Alcatraz
alcatrace (1575)

(1838) Alcavale
alcabala (1842)
alcavala (1842)

(1866) Alcazar
alcaçar (1699)

(1275) Alchimie
alkçmie
arquemie

(1586) Alcool
alcohol
alkohol
alkol

(1947) Algarobille
algarobie (1845)

(1544) Algorithme
augorisme (1230)
algorisme (1534)

(1581) Alguazil
agosin (1538)
alguacil (1555)

(1415) Alidade
alhidada (1544)
alidada (1544)

(1827) Alizari
lizari (1761)

(1694) Alkékenge
alkacange (1500)
alquecange (1555)
alcange (1611)
alchechange (1611)
alchequange (1611)

(1575) Alkermès
kermès (1546)

(1575) Almanach

almenach (1303)

anemallat (1328)

(1660) Almicantarat

almicantarah (1546)

(1545) Aludel

alutel (1275)

(1431) Amalgame

Algame (1500)

Algamala (1500)

Almagala (1500)

(1731) Aman

amman

(1200) Amiral

amiralt (1080)

(1835) Araba

arbé (1813)

(1520) Arack

arac

arach

arak

araki

(1200) Arcanne

alchanne (1200)

(1538) Argousin

agosin (1400)

algousan

(1555) Arobe
arroba (1219)
arrobe (1555)

(1250) Arsenal
tarsenal (1250)
archenal (1400)

(1898) Askari
ascar
askar

(1287) Avanie
avanye (1557)
aveinie (1287)

(1827) Ayan
ayam (1835)

(1694) Azédarac
azeadarach (1500)
azadaracht (1561)

(1694) Azerole
asarole (1553)
azarole (1562)
azarolle (1651)

(1680) Azimut
azimuth (1415)
zénith

(1751) Azoth
azot (1690)

(1812) Azziminia
azemine (1546)

(1727) Babouche
papouch (1546)
babuc (1600)

(1225) Balais
balois (1228)

(1775) Baobab
bahobab (1751)

(1848) Barda
berdâa

(1568) Bardache
bardaiche (1537)

(1260) Basane
bazenne (1150)

(1425) Bédégar
bedeguar

(1546) Bédouin
bédoins (1200)

(1300) Ben (I)
been

(1538) Benjoin
benjuyn (1479)
bengin (1515)
benioin (1538)

(1688) Berbère

bereberes	(1667)

(1867) Bézef

besef	(1861)

(1605) Bézoard

bezaar	(1314)

(1611) Borax

borrache	(1256)

(1852) Bordj

bourdj	(1820)

(1593) Bouracan

bourragan	(1150)

(1534) Boutargue

bouttargue	(1441)

(1735) Burnous

albernoux	(1478)
bornoz	(1686)

(1448) Caban

gaban	(1352)

(1351) Cadi

escadi	(1230)
cady	(1351)

(1598) Cafard (I)

caphard	(1512)

(1665) Café
cafeh (1651)

(1537) Cafetan
caftan (1546)

(1721) Cafre
caffre (1685)

(1694) Caïd
caïte (1310)

(1572) Calebasse
calebace (1727)

(1611) Calfat
calefas (1371)

(1360) Calife
algalife (1080)
califfe (1200)
calif (1244)
khalife (1730)

(1727) Camaïeu
camaü (1100)
kamaheu (1200)

(1589) Camelot
camelos (1168)

(1200) Camphre
canfre (1256)
camphore (1372)

(1839) Cange
gemges (1661)
canjes (1785)

(1557) Carafe
caraffe (1642)

(1200) Caraque (I)
karaque (1245)
carraque (1391)

(1355) Carat
quarais (1360)
caraz (1367)

(1835) Caratch
carrach (1535)
carach (1575)

(1165) Carmin
charmin

(1512) Caroube
quarobles (1195)
carouble (1400)

(1398) Carvi
caroi (1256)
chervi[s] (1539)

(1836) Casbah
alcassabe (1735)
casouba (1813)
casauba (1830)

(1851) Cavas
cawas (1867)

(1314) Cétérac ou Cétérach
cetrac (1161)
cétérach

(1783) Chalef
calaf (1694)
chaleb (1763)

(1490) Chamarre
samarre (1447)

(1758) Chébec
chebeck (1761)
chabek
chebek

(1866) Chèche
seisse (1657)
sesse (1676)
chech (1918)

(1855) Chéchia
chachie (1575)
chachia (1845)
chechia (1857)

(1631) Cheikh
ceic (1309)
schet (1568)
cheque (1598)
scheik (1776)

(1552) Chérif
sérif (1528)
cheriph

(1539) Chervis
eschiervies (1256)

(1464) Chiffre
cifre (1220)

(1765) Chiite
schai (1653)
schiah (1697)
schiite (1740)
schiaite (1740)

(1866) Chouia
chouya (1881)
chouîa

(1467) Civette (I)
zabadec (1249)
cyvete (1401)

(1920) Clebs
cleb (1863)

(1819) Colback
kalepak (1653)

(1492) Colcotar
colcohotar

(1704) Copte
cofte (1665)
cophte (1690)

(1657) Coran
alchoran
alcoran
koran
qôran

(1665) Couffe
cuffe (1633)

(1854) Coufieh
coufié (1736)

(1845) Coufique
kiufi (1672)
coufite (1763)
cuphique (1763)

(1848) Courbache
courbag (1854)
courbach (1836)

(1649) Couscous
couchcou (1505)
coscosson (1534)

(1418) Cramoisi
cremoisi (1298)

(1868) Dahabieh
dhabbia (1787)
dahabi (1848)

(1859) Darbouka ou Derbouka
darboukh (1840)
derbouka (1847)
tarbouka (1853)

darbouk (1854)
derboucca (1882)

(1415) Darse ou Darce
darce

(1846) Diffa
difa (1845)

(1959) Dirham
dirhem

(1787) Djebel
djabal
jebel

(1844) Djellaba
jilleba (1743)
gélabia (1832)
dgilaba:h (1836)

(1819) Djérid
dsjerid

(1760) Djinn
dgin (1666)
dgen (1671)

(1500 D) Douane
dohanne (1281)
doana (1441)

(1617) Douar
adouar (1617)
douart (1628)

(1864) Doum
doume (1839)

(1787) Doura
dourah
durra (1773)

(1200) Drogman
droguement (1213)
drogeman

(1611) Echecs
eschec (1170)

(1300) Elixir
eslissir (1256)

(1636) Epinard
espinarde (1256)
espinas (1256)
espinach
espinoche

(1888) Erg
areg (1849)

(1601) Estragon
targon (1539)
estragon (1564)

(1653) Fakir
faquir (1690)

(1833) Fantasia
phantasia (1840)

(1900) Fatma ou Fathma (Fadhma)
fathma (1899)

(1956) Fe(d)dayin
feddayin (1965)

(1956) Fellaga
fellagha (1915)

(1611) Fellah
félaque (1735)
fellach (1800)

(1611) Felouque
relouque (1595)

(1624) Fetoua
fetua (1664)

(1909) Fissa
fiça (1870)

(1858) Fouta
fota (1553)

(1351) Fustet
fenstel (1340)

(1330) Gabelle
gabele (1267)

(1298) Gazelle
gacele (1195)
gasele (1195)

(1300 F) Genet
genest (1374)

(1710) Gerboise
ierbuah (1655)
gerbo (1700)

(1624) Girel
giret (1570)

(1647) Goudron
gotran (1381)

(1841) Gourbi
gurbi (1743)

(1466) Grabeau
grabel (1439)

(1349) Guitare
quitarre (1275)

(1860) Guitoune
guiton (1838)

(1512) Gumène
goum (1320)
gume (1359)

(1855) Habara
habbarah

(1251) Hachisch
haschisch (1773)
hachish
hachischin

hachichin

(1743) Hadj
hagis (1567)
hodge (1731)

(1725) Haïk
heque (1654)
heyque (1699)

(1654) Hammam
humus (1663)
hammamât (1873)

(1480) Hardes
fardes (1155)

(1673) Harem
hara (1632)
haram (1660)

(1966) Harissa
arissa (1930)

(1200) Hoqueton
alqueton (1130)
auqueton (1180)

(1812) Houka
hoka (1771)

(1654) Houri
hora (1574)
horhin (1574)
hurrah

(1560) Imam
iman

(1678) Jarde
zarde (1516)
jardon (1642)

(1200) Jaseran
jazerenc (1080)
jaseron (1867)

(1500 M) Jasmin
jassemin (1512)

(1739) Kabyle
cabile (1761)

(1799) Kafir
kefer (1683)
kafier (1723)

(1835) Kandjar
chanzar (1519)
cancar (1612)
cangeare (1617)
kindjial (1787)
kangiar (1812)

(1900) Keffieh
kuffieh
kufieh

(1763) Ketmie
ketmia (1694)

(1853) Khamsin
hamchin (1664)
camslin (1755)
camsin (1771)

(1678) Khan
kan (1457)

(1873) Kharidjite
kharijite

(1700) Khôl
khol (1838)
koheul (1873)
kohl (1873)
kohol (1873)

(1670) Kibla
al-kible (1612)
kiblah

(1789) Kief (II)
kaif (1670)
keif (1681)

(1845) Koubba
cube (1568)
cubee (1608)
kubbe (1776)

(1871) Krak
crac (1195)

(1873) Lagmi
lagmy

(1220) Laiton
laton (1170)
leiton (1170)
laicton (1225)

(1500) Laque
lack

(1651) Lilas
lilac (1600)

(1831) Litham
litsam

(1613) Looch
lohot (1514)

(1708) Luffa
loofa
loofah
loofash

(1564) Luth
leüt (1265)
lut (1534)

(1871) Macache
makach (1861)

(1931) Madjoun
majoun

(1931) Maghrébin
mograbin (1873)
moghrabin (1873)
maugrabin (1876)

maghribin (1903)

(1561) Mahaleb
macalep (1558)
macaleb (1611)

(1540) Mahonne
maonne (1553)

(1923) Makhzen ou Maghzen
magzem (1873)

(1834) Mamelouk
mamelos (1192)
mameluz (1460)
mammeluch (1549)
mameluk (1611)
mameluck (1840)

(1651) Marabout
morabuth (1575)

(1555) Maravédis
malavedis

(1560) Marcassite
marcasite (1460)
marquascite (1536)

(1611) Matelas
materas (1272)
matras (1377)
mathelas (1464)
matelat (1580)

(1651) Matras
materas (1560)

(1876) Médersa
médressé (1846)

(1853) Méhari
el mahri (1637)
mahari (1853)
méherry (1882)

(1874) Mihrab
mihrah (1849)

(1654) Minaret
mineret (1606)

(1600) Moharram
moharrem

(1773) Moka
môcha (1721)

(1790) Mollah ou Mullah
molla (1656)

(1545) Morfil
marfil (1553)

(1553) Mosquée
meschita (1340)
musquette (1351)
miskita (1435)
mosquez (1528)

(1846) Moucharaby
moucharabieh (1903)

(1656) Mousseline
mosulin (1298)

(1622) Mousson
mouçone (1598)
mouson (1602)

(1732) Mozarabe
musarabe (1690)

(1722) Mudejar
mudéjare

(1823) Muezzin
maizin (1568)
meussin (1605)
muezim (1654)

(1628) Mufti ou Muphti
mofty (1546)
muphti (1550)

(1680) Musulman
mussulman (1593)

(1653) Nabab
navabo (1614)
nabob (1777)

(1800 D) Nabka
nabquah (1874)

(1640) Nacarat

nacarde (1578)

(1560) Nacre

nacrum (1347)

nacle (1389)

(1556) Nadir

nador (1361)

(1665) Natron ou Natrum / Natrium

natrum (1665-1765)

(1846) Nedjdi

nedjidi (1854)

(1619) Pastèque

patèque (1512)

(1875) Rabab ou Rebab / Rebeb

ribab (1313)

rebeb (1875)

(1875) Racahout

racaou (1833)

(1827) Raki

raqui (1628)

(1683) Ras (II)

arraze (1556)

eras (1614)

(1300 D) Réalgar

riagal (1330)

realgar (1377)

(1798) Rock
ruc (1298)

(1400 M) Romaine
romanne (1440)

(1598) Rotte
rote (1368)
rotls (1411)

(1573) Safran (II)
saffran (1382)
saffryn (1382)

(1637) Sagaie
zagaye (1538)
azagaie (1546)

(1876) Sakieh
saquièr (1850)

(1568) Santal
sandal (1298)
sandalle (1314)
azándar (1541)

(1605) Sarabande
sarabante

(1887) Saroual
séroual

(1387) Satin
zatanin
saturnin (1300)

(1555) Sébeste
sebestin (1256)

(1933) Sebkha
sebka

(1595) Sequin
essequin (1400)
chequin (1540)
sechin (1570)

(1848) Sesbania
sesban (1730)
sesbanie

(1130) Siglaton
ciclaton (1080)

(1828) Simoun
samun (1777)
simoon (1791)
semoun (1822)

(1575) Siroco ou Sirocco
siloc (1265)
ciroch (1538)
siroch (1552)

(1873) Sloughi
slougui (1848)

(1847) Smala ou Smalah
smalah (1845)

(1690) Sofa
sapha (1560)

(1737)	Sophora	
	sophore	(1846)
(1200 F)	Sucre	
	çucre	(1175)
(1540)	Sultan	
	soltan	(1298)
	soudan	(1400-1600)
(1732)	Surate	
	sourate	(1872)
(1400)	Tamarin	
	tamarandi	(1298)
(1200)	Tamaris ou Tamarix	
	thamarisque	(1213)
(1300)	Tambour	
	tambor	(1200)
(1857)	Targui	
	touarik	(1839)
	touareg	
	touarègue	
(1641)	Tarif	
	tariffe	(1572)
(1604)	Tarot	
	tarau	(1534)
(1492)	Timbale	
	tinballe	(1471)

(1530) Truchemen ou Trucheman
drugement (1100)
drogman

(1654) Turbeh ou Turbé
turbé

(1812) Varan
varain (1810)

(1527) Zénith
cenith (1361)

(1701) Zérumbet
zerumbet (1542)
zerumbeth (1694)

(1876) Zibeth
zibet (1761)

(1538) Zinzolin
zingolin (1599)
gingeolin (1642)

CLASSEMENT PAR LANGUES INTERMÉDIAIRES ET PAR CHAMPS SÉMANTIQUES

1. AVERTISSEMENT
2. EMPRUNTS DIRECTS
3. ESPAGNOL
4. ITALIEN
5. PORTUGAIS
6. LATIN
7. OCCITAN:
a) CATALAN
b) PROVENÇAL
8. CAS PARTICULIERS:
A) MOTS PERSANS ET ÉGALEMENT ARABES
B) MOTS TURCS

1. AVERTISSEMENT

Les progrès de la grammaire comparée, une meilleure connaissance des phénomènes d'emprunt, les recherches modernes de P. Fouché, Jud, Ineichen, Battisti-Alessio, Machado, Cortelezzo, Pellegrini, Caracausi, Corominas, Rohlfs, etc., sur le domaine prélatin, l'inventaire des dialectes, des parlers régionaux, des arabismes dans les langues romanes, des lexiques techniques, l'exploration des champs morpho-sémantiques (P. Guirand), les études toujours plus nombreuses sur les époques passées (dont nous avons indiqué dans la première partie de cet ouvrage les titres, à l'intérieur de nos notes relatives aux mots répertoriés et dans notre bibliographie générale) ont diminué très sensiblement le nombre des étymologies obscures et contestées, ainsi que les incertitudes soulevées par l'émigration des mots, leur passage par les langues méditerranéennes et européennes et par les évolutions sémantiques. Certes, ils ne les ont pas toutes supprimées.

Pour connaître l'étymologie d'un mot, on constitue d'abord sa filiation dans la langue, au double point de vue de la forme et du sens, et l'on remonte, pour ce qui nous intéresse ici, jusqu'à l'époque où il a été attesté pour la première fois. Certes, la géographie linguistique, la dialectologie, la linguistique comparée joignent ici leurs données à celles de l'histoire. L'histoire politique et sociale indique quelles ont été les relations de la France avec les autres peuples. Elle s'associe à l'histoire des sciences et des techniques pour rappeler de quels " arts " la France est redevable au monde arabe en particulier, et au monde méditerranéen en général ; cela, depuis le Moyen âge. La géographie économique relève par quelles voies se sont introduits et diffusés les mots nouveaux, les mots de l'Orient sémitique, les arabismes justement : on relève que la plupart de ces termes (avec d'autres mots méditerranéens) furent introduits en France soit directement, soit par l'italien ou le provençal [Cf. : G.B. Pellegrini, *Gli Arabismi nelle lingue neolatine con speciale riguardo all'Italia,* Brescia 1972; Carl Appel, *Provenzalische Lautlebre,*Leipzig 1918 ; J. Melander, *Les mots d'emprunt orientaux en français,* in *Studia neophilologica V (1932-33),* pp. 89-102 ; D. Scheludko, *Ueber arabischen Lehnwörter im Altprovenzalischen,* in ZRPh XLVIII (1927), pp. 418-442 ; A. Steiger, *La penetración del léxico arábigo en el catalan y el provenzal,* in *Boletin de dialectología española,* Tercera época, T. XXXIV (1956-57), pp. 555-570] ; ils ont gagné Paris et la moitié nord de la France en remontant la grande voie commerciale du Rhône et de la Saône. Ainsi plusieurs sciences annexes contribuent à fournir à l'étymologie la matière de ses observations et de ses raisonnements sur l'histoire des mots.

Nous avons, par ailleurs, mentionné d'autres voies comme celles des croisades, du persan et du turc dans notre *Introduction* et nous n'y reviendrons ici que sur quelques cas particuliers pour des raisons de comodité et puis parce qu'elles ont été amplement traitées dans d'autres études fort riches que nous signalons dans notre *Bibliographie générale.*

Si la première partie de notre travail présente l'avantage de la précision et de la clarté dans la consultation mot par mot, cette seconde disposition de notre travail permet une exploitation historique et thématique des termes répertoriés, de manière à étudier, sous divers angles, les apports des arabismes qui ont enrichi le vocabulaire français.

Nous ne citons donc dans notre classement ci-après que les langues par lesquelles certains arabismes ont pénétré en français. Après l'Espagne, c'est l'Italie (notamment la Sicile) qui a joué un rôle important dans la diffusion d'arabismes dans le monde roman, car elle a été pendant des siècles un lieu de rencontre privilégié entre les civilisations musulmane et chrétienne (Cf.: M. Devic, *Dictionnaire étymologique des mots d'origine orientale,* Paris, 1878, et surtout H.Lammens, *Remarques sur les mots français dérivés de l'arabe,* Beyrouth 1890. Très important demeure également le FEW XIX, dédié aux éléments orientaux où Pellegrini - Op. cit. - note quand même quelques lacunes dans les notices et des imperfections dans les articles. Voir aussi la recherche de Fathi Nasser, *Emprunts lexicologiques du français à l'arabe,* Beyrouth, 1966).

Dans la mesure du possible, il a paru utile de réunir ici les formations populaires et les formations savantes, lorsque les aires sémantiques des termes offraient encore des points de contact.

Des articles spéciaux ont été consacrés respectivement à l'espagnol, à l'italien, au portugais, au latin (164), à l'occitan (catalan et provençal) et à quelques cas particuliers relatifs à certains mots persans et turcs.

L'ordre intérieur de chaque article est celui de la dérivation et puis du champ sémantique qu'il a pu développer.

La signification actuelle des mots répertoriés n'est pas donnée ici. Elle la renvoie sous le chapeau de son champ sémantique.

2. EMPRUNTS DIRECTS (165)

Administration

Dahir
Daïra
Makhzen

anatomie

Saphène

argot militaire

Barda
Baroud
Bézef
Bled
Djich
Fissa
Guitoune
Macache
Toubib

arts

Coufique
Mihrab
Turbeh

astrologie / astronomie

Almageste
Almicantarat
Nadir
Zénith

botanique

Alhagi
Baobab
Bédégar
Chervis
Doum
Doura
Fustet
Galanga
Hénné
Jubis
Kali
Lilas
Luffa
Mahaleb
Nabka
Nafé
Nénuphar
Orange
Ribésiées
Sébeste
Sumac
Tamarin
Zéen

chimie

Alcali
Laque
Medjidite
Réalgar
Talc
Tuthie

choréographie

Almée
Fandango

climatologie

Khamsin
Simoun

commerce

Farde

costume arabe

Burnous
Chèche
Chéchia
Coufieh
Djellaba
Gandoura
Habara
Haïk
Hoqueton
Jaseran
Jupe
Kroumir
Saroual
Tarbouch

art culinaire

Brick
Chorba
Harissa
Kaiffa
Kémia
Méchoui
Merguez
Taboulé
Tajine

droit maritime

Quirat

géographie

Algérien
Bahr
Bédouin
Berbère
Chergui
Chott
Daya
Djebel
Erg
Gour (I)
Hamada
Kabyle
Maghrébin
Nebka
Nouala
Oued
Sahel
Sahraoui
Sebkha
Sif
Tir
Turc

habitation

Fondouk
Gourbi
Mechta
Mellâh
Moucharaby
Smala

histoire

Alaouite
Cavas
Ottoman

Raïe
Sofa

irrigation
Chadouf
Foggara
Sagaie
Sakieh

liqueur
Arack
Lagmi

littérature
Séide
Truchemen

marine
Cange
Dahabieh
Felouque
Safran (I)

médecine
Salep

métrologie
Rotte
Saâ

monuments arabes
Alhambra
Bondjou
Bordj
Casbah
Dirham
Fels
Hassani
Koubba
Krak
Ksar
Maïdan
Médina
Mstaba
Rahba
Rambla

musique
Anafin
Bendir
Darbouka
Guimbri
Kanoun (I)
Nacaire
Nouba
Rabab
Raïta
Rebab
Rébec
Rubèbe

mythologie arabe
Afrite
Djinn
Goule

navires
Boutre
Madjoun

poésie
Rhazal

populations du monde arabe

Arbi
Harratin
Sabra
Saoudien
Soudanais
Targui
Touareg
Zouave

religion

Allah
Aman
Baraka
Cadi
Cafard (I)
Cafre
Calife
Chiite
Coran
Fakir
Fetoua
Hadith
Iftar
Ihram
Imam
Islam
Kafir
Kibla
Kitab
Mahdi
Mektoub !
Moharram
Mollah
Mosquée
Ramadan
Shitan
Soufi
Sunna
Surate
Zem-zem
Zindiq

tissus et étoffes

Bouracan
Camelot (I)
Féridji
Gaze
Litham
Mohair
Siglaton
Tabis

titres

Assaki
Ayatollah
Emir
Lalla
Mamamouchi
Nabab
Sahib
Uléma

termes militaires

Askari
Katiba
Méhalla
Razzia
Rezzou
Tabor

transport

Araba

termes populaires

Baballah
Barca !
Chouia
Clebs
Kif-kif
Maboul
Moujingue
Taïba
Zébi
Zob

zoologie

Algazelle
Asfir
Bardot
Daman
Fennec
Haje
Houhou (II)
Méhari
Papegai
Rock
Sacre
Sloughi

3. ESPAGNOL

Divers

Alcazaras
Alezan
Alfange
Basane
Fantasia
Hasard
Marrane
Matamore
Morfil
Mudejar
Nacarat
Zain
Cramoisi
Limonade
Charabia

administration

Alguazil

architecture

Alcôve

arts

Azulejo

botanique

Abricot
Alberge
Algarobille
Azerole
Calebasse
Curcuma
Genet
Lime (II)
Orseille

chimie

Alambic
Alquifoux
Aludel
Amalgame
Azoth
Natron

chorégraphie

Sarabande

commerce

Alcavale
Azucarillo

costume arabe

Chamarre
Gilet

géographie

Récif

habitations arabes

Douar

hippologie

Arzel
Aubère

histoire
Alcancie
Girel
Mohatra
Mozarabe

irrigation
Noria

liqueur
Alkermès

marine
Fargues

mathématiques
Algorithme

métrologie
Arobe

monnaie
Alcazar
Maravédis

musique
Luth
Timbale

navigation
Patach

religion
Alfaqui

tissus et étoffes
Sati

titres
Alcade

termes militaires
Algarade

zoologie
Albacore
Allache
Genette
Mérinos

Nombre total de mots : 64

4. ITALIEN (166)

Divers

Assassin
Avanie
Azziminia
Bardache
Carafe
Carat
Coton
Cramoisi
Grabeler
Jarde
Limonade
Mesquin
Nacre
Sucre
Tarot

administration

Douane

botanique

Artichaut
Harmale
Tamaris
Jasmin

chimie

Massicot

climatologie

Siroco

construction navale

Darse

commerce

Aval (I)
Tare
Tarif

costumes arabes

Hardes
Caban
Gamache

droit maritime

Avarie

histoire

Hégire
Drogman

liqueur

Café

marine

Calfat
Chébec

mathématiques

Zéro
Chiffre

métrologie

Libeccio

monnaie
Sequin

navires
Arsenal
Caraque (II)

pâtisserie
Massepain

religion
Chérif

tissus et étoffes
Mousseline

zoologie
Gazelle
Girafe

Nombre total de mots : 46

5. PORTUGAIS

Divers

Argousin
Aniline

botanique

Abricot
Pastèque

climatologie

Mousson

costumes arabes

Fouta

habitations arabes

Aldée

navires

Sambouk

religion

Marabout

zoologie

Alcatraz

Nombre total de mots : 10

6. LATIN

Divers

Alidade
Ambre
Azur
Balais
Carmin
Couffin
Momie
Raquette
Santal
Sirop

anatomie

Nuque

botanique

Alberge
Alizari
Arcanne
Caroube
Carvi
Cétérac
Chalef
Cubèbe
Cuscute
Epinard
Estragon
Ketmie
Safran (I)
Séné
Sesbania
Sophora
Soude
Usnée

chimie

Alchimie
Alcool
Antimoine
Borax
Camphre
Cohober
Elixir
Marcassite

climatologie

Almanach

marine

Gumène

mathématiques

Algèbre
Algorithme
Chiffre

médecine

Bézoard

métrologie

Quinta

musique

Guitare

monnaie

Dinar

tissus et étoffes

Ecarlate

zoologie

Gerboise
Varan
Zibeth

Nombre total de mots : 51

7. OCCITAN

a) CATALAN

Botanique

Aubergine
Jasmin
Lime (II)
Orseille

commerce

Rame (IV)

médecine

Benjoin

musique

Tambour

zoologie

Civette (I)

Nombre total de mots : 8

b) PROVENÇAL

Divers

Basane
Charabia
Couffe
Jarre
Madrague

botanique

Alfa

constructions navales

Calfater

commerce

Gabelle
Romaine

costumes arabes

Caban
Gamache

arts culinaires

Boutarque

histoire

Drogman

marine

Liban

musique

Guitare
Luth

navires

Taride

poésie

Ghazel

Nombre total de mots : 18

8. CAS PARTICULIERS

a) PERSAN

Divers

Aniline
Julep
Khan
Turbith

botanique

Alkékenge
Anil
Azédarac
Garingal
Limon (III)
Zérumbet

commerce

Nizré

costumes arabes

Babouche

religion

Houri
Musulman

médecine

Bézoard

Nombre total de mots : 15

b) TURC

Divers

Bostangi
Courbache
Hadj
Muezzin
Sorbet
Sultan

administration

Ayan
Vilyet

costumes arabes

Cafetan
Colback
Gilet

arts culinaires

Kébab

histoire

Caratch

liqueur

Raki

marine

Mahonne

monuments arabes

Minaret

Nombre total de mots : 16

CLASSEMENT PAR CHAMPS SÉMANTIQUES

1. TERMES SCIENTIFIQUES ET TECHNIQUES

1. Botanique (62)

Abricot
Alberge
Alfa
Algarobille
Alhagi
Alizari
Alkékenge
Anil
Arcanne
Artichaut
Aubergine
Azédarac
Azerole
Baobab
Bédégar
Calebasse
Caroube
Carvi
Cétérac
Chalef
Chervis
Cubèbe
Curcuma
Cuscute
Doum
Doura
Epinard
Estragon
Fustet
Galanga
Garingal
Genet
Harmale
Hénné
Jasmin
Jubis
Kali
Ketmie
Lilas
Lime (II)
Limon (III)
Luffa
Mahaleb
Nabka
Nafé
Nénuphar
Orange
Orseille
Pastèque
Ribésiées
Safran (I)
Sébeste
Séné
Sesbania
Sophora
Soude
Sumac
Tamarin
Tamaris

Usnée
Zéen
Zérumbet

2. ***Chimie, alchimie*** (21)

Alambic
Alcali
Alchimie
Alcool
Alquifoux
Aludel
Amalgame
Antimoine
Azoth
Borax
Camphre
Cohober
Elixir
Laque
Marcassite
Massicot
Medjidite
Natron
Réalgar
Talc
Tuthie

3. ***Zoologie*** (23)

Albacore
Alcatraz
Algazelle
Allache
Asfir
Bardot
Civette (I)
Daman
Fennec
Gazelle
Genette
Girafe
Haje
Houhou (II)
Méhari
Mérinos
Papegai
Rock
Sacre
Sloughi
Varan
Zibeth

4. ***Médecine*** (3)

Benjoin
Bézoard
Salep

5. ***Mathématiques*** (4)

Algèbre
Algorithme
Chiffre
Zéro

6. ***Géographie*** (23)

Algérien
Bahr
Bédouin
Berbère
Chergui
Chott
Daya
Djebel
Erg

Gour (I)
Hamada
Kabyle
Maghrébin
Nebka
Nouala
Oued
Récif
Sahel
Sahraoui
Sebkha
Sif
Tir
Turc

*7. **Monuments*** (13)

Alcazar
Alhambra
Bordj
Casbah
Fels
Koubba
Krak
Ksar
Maïdan
Médina
Minaret
Mstaba
Rahba
Rambla

8. Habitations (8)

Aldée
Douar
Fondouk
Gourbi
Mechta
Mellâh

Moucharaby
Smala

*9. **Populations*** (8)

Arbi
Harratin
Sabra
Saoudien
Soudanais
Targui
Touareg
Zouave

10. Divers

a) Anatomie (2)

Nuque
Saphène

b) Irrigation (5)

Chadouf
Foggara
Noria
Sagaie
Sakieh

c) Climatologie (5)

Almanach
Khamsin
Mousson
Simoun
Siroco

d) Astrologie (4)

Almageste
Almicantarat
Nadir
Zénith

2. TERMES MILITAIRES, POPULAIRES ET ARGOTIQUES

1. Argot militaire (9)

Barda
Baroud
Bézef
Bled
Djich
Fissa
Guitoune
Macache
Toubib

2. Termes militaires (7)

Algarade
Askari
Katiba
Méhalla
Razzia
Rezzou
Tabor

3. Termes populaires (11)

Baballah
Barca !
Chouia
Clebs
Kif-kif
Maboul
Moujingue
Niquer
Taïba
Zébi
Zob

3. VIE QUOTIDIENNE

1. Costumes (23)

Babouche
Burnous
Caban
Cafetan
Chèche
Chéchia
Colback
Coufieh
Djellaba
Fouta
Gamache
Gandoura
Gilet
Habara
Haïk
Hardes
Hoqueton
Jaseran
Jupe
Kroumir
Saroual
Tarbouch

2. Administration (7)

Alguazil
Ayan
Dahir
Daïra
Douane
Makhzen
Vilyet

3. Tissus et étoffes (11)

Bouracan
Camelot (II)
Ecarlate
Féridji
Gaze
Litham
Mohair
Mousseline
Satin
Siglaton
Tabis

4. Arts culinaires (12)

Boutargue
Brick
Chorba
Couscous
Harissa
Kaiffa
Kébab
Kémia
Méchoui
Merguez
Taboulé
Tajine

5. Pâtisserie (2)

Madjoun
Massepain

6. Liqueurs (5)

Alkermès
Arack
Café
Lagmi
Raki

7. Titres (9)

Alcade
Assaki
Ayatollah
Emir
Lalla
Mamamouchi
Nabab
Sahib
Uléma

4. CULTURE

*1. Musique et instruments de musique (*16)

Anafin
Bendir
Darbouka
Guimbri
Guitare
Kanoun (I)
Luth
Nacaire
Nouba
Rabab
Raïta
Rebab
Rébec
Rubèbe
Tambour
Timbale

2. Religion (36)

Alfaqui
Allah
Aman
Baraka
Cadi
Cafard (I)
Cafre
Calife
Chérif
Chiite
Coran
Fakir
Fetfa
Hadith
Houri
Iftar
Ihram
Imam
Islam
Kafir
Kibla
Kitab
Mahdi
Marabout
Mektoub !
Moharram
Mollah
Mosquée
Musulman
Ramadan
Shitan
Soufi
Sunna
Surate
Zem-zem
Zindiq

3. Histoire (12)

Alaouite
Alcancie
Caratch
Cavas
Drogman
Girel
Hégire
Mohatra

Mozarabe
Ottoman
Raïe
Sofa

4. Arts (4)

Azulejo
Coufique
Mihrab
Turbeh

5. Mythologie (3)

Afrite
Djinn
Goule

6. Littérature (2)

Séide
Truchemen

7. Poésie (2)

Ghazel
Rhazal

8. Chorégraphie (3)

Almée
Fandango
Sarabande

9. Hippologie (2)

Arzel
Aubère

5. VIE ECONOMIQUE

*1. **Commerce*** (10)
- Alcavale
- Aval (I)
- Azucarillo
- Farde
- Gabelle
- Nizré
- Rame (IV)
- Romaine
- Tare
- Tarif

*2. **Marine*** (10)
- Calfat
- Cange
- Chébec
- Dahabieh
- Fargues
- Felouque
- Gumène
- Liban
- Mahonne
- Safran (II)

*3. **Navires*** (5)
- Boutre
- Caraque (II)
- Patache
- Sambouk
- Taride

*4. **Constructions navales*** (3)
- Arsenal
- Calfater
- Darse

*5. **Droit maritime*** (2)
- Avarie
- Quirat

*6. **Métrologie*** (5)
- Arobe
- Libeccio
- Quintal
- Rotte
- Saâ

*7. **Monnaies*** (6)
- Bondjou
- Dinar
- Dirham
- Hassani
- Maravédis
- Sequin

NOTES

1 Cf. : notre Bibliographie générale.

2 W.V. Wartburg, *Französisches Etymologisches, Wörterbuch,* Bonn-Berlin-Basel, 1928 (vol. XIX, *Orlentaria,* Basel, 1987). On pense aussi au *Dictionnaire étymologique de la langue latine,* Paris, 1932, de A. Ernout et Meillet (4è éd., 1939) qui a pour sous-titre significatif : *Histoire des mots.*

3 Spécialement à la suite de l'occupation française du Maghreb (Algérie, 1830 ; Maroc, 1912 ; Tunisie, 1881) - on peut étendre la chose à l'occupation italienne de la Libye et l'occupation espagnole du Sahara marocain.

On assiste ainsi dans ces pays vers la fin du XIXème et le début du XXème siècle (Cf. notre travail : *L'Image du Maghreb dans les lettres françaises du XIXème siècle,* Ancona, 1994) à un flux croissant d'arabismes nouveaux dans la langue parlée comme dans la langue écrite. Ces arabismes relèvent, nous le verrons dans le classement des mots, d'une terminologie militaire et/ou géographique et/ou liée à des rapports de troupes et/ou de colons avec une certaine catégorie d'indigènes plutôt modeste, sans qu'il y ait eu cependant une participation effective à la vie matérielle et spirituelle de ces régions. " Au XIXème siècle, surtout depuis la conquête de l'Algérie, la reprise de contact avec le monde arabe a provoqué de nouveaux emprunts, qui se multiplient dans la langue populaire, par l'intermédiaire des troupes d'Afrique : en face de quelques mots, généralement spéciaux, passés dans la langue littéraire, comme *cheikh, mosquée, zouave,* etc., le peuple et surtout l'armée, depuis la guerre, offrent un contingent des plus variés, parmi lesquels on peut citer : *caoua* (café) ; *cleb* (chien) ; *gourbi* (tente, abri de tranchée, etc.) ; *lascar* (gaillard, où l'l de l'article s'est agglutiné à *askar*, soldat) ; *nouba* (fanfare, qui a passé au sens de "bombance"). Il va sans dire que le français parlé en Afrique du Nord est fort pénétré de termes arabes ". Cf. Albert Dauzat, *Histoire de la langue française,* Paris, Payot, 1930, p. 177.

Girolamo Caracausi rapporte, lui aussi, dans *Arabismi medievali di Sicilia,* Palermo, 1983, p. 34, que " non pochi voci hanno superato il filtro della sostanziale inerenza al rapporto coloniale, penetrando nel circuito dotto internazionale o nell'uso popolare o gergale di questo o di quel paese europeo, con eventuali differenze formali o semantiche rispetto ai prestiti antecedenti dei medesimi termini. Uno spoglio di dizionari etimologici o dell'uso comune offrirebbe una quantità non trascurabile di esempi. " C'est ce que nous voudrions faire ici. Mais laissons parler pour le moment Caracausi : " Per citarne solo qualcuno, si pensi a termini internazionali come *alfa* " sparto ", cfr. ant. sic. *halfa* ; fr. *chott* " lago salato ", it. *sciott* " lago desertico senza sbocco " < ar. magr. *shott*, cfr. sic. *sciaddu* " le sponde di un fiume " < ar. class. *shatt* (PELL. I, 273) ; fr. *djebel,* it. *gèbel* " monte ", " altopiano ", < ar. *jabal*, cfr. nella toponomastica spagnola *Jabal-* (PELL, I 295), *Gibraltar* (< *djabal Târiq*,

Vernet-Gines 570), in quella siciliana *Gibellina* 49 F 4, *Gibilicanna* 49 F 6, *Gibilmanna* 50 E 4, *Gibilmesi* (Monte) 49 D 5, *Gibilrossa* ZTpa D 6, *Gibli* (Monte) 55 C 5, *Gibliscemi* (Monte) 55 C 5 e il tautologico *Mongibello* = *Etna* 51 F 4 ; fr. *ouadi, oued*, it. *uadi* " fiume dell'Africa ", " letto asciutto di antico corso d'acqua " < ar. *wâdî,* cfr. nella toponomastica iberica *Guad-* (PELL. I 331) e le varie forme assunte in quella siciliana (227 *n*). Per l'altro tipo di prestiti basti richiamare fr. *barda* " corredo, equipaggiamento (militare) " < ar. *barda'a*, cfr. fr. *barde*, sic. *barda* ; fr. *casbah* " casba ", (pop.) " casa ", it. *casba* " la parte interna e fortificata di una città araba ", comun. " l'insieme dei quartieri indigeni nelle città dell'Africa nord-occidentale ", " rione malfamato di una città, sede della malavita locale " < ar. magreb, *qasba* (WEHR 897*b*) cfr. sp. *alcazaba* " ciudadela, recinto fortificado dentro de una poblaciòn murada ", cat. *alcassaba*, port. *alcaçova* < ar. class. qasaba (DCEC I 100) ; fr. *matraque* " randello, sfollagente " < ar. alger. *matraq(a)*, ar. class. *mitraq* " hammer " (WEHR 654*a*), cfr. sp. *matraca* " raganella ", " motteggio, derisione ", " schiamazzo " (DCEC III 296) ; fr. *sidi* (pop.) " arabo, marocchino ", sp. *sidi* " signore " < ar. *sayyidî,* colloq. *sîdî* " mio signore " (WEHR 513-14), cfr. ant. sp. *Cid* < *sayyid* " master ", " lord ", " chief, chieftain " (ib.).

" Ma quanti arabismi, già da tempo circolanti, sia pure entro una dimensione popolare o gergale, possono essere sfuggiti all'attenzione dei lessicografi ? Quanti poi, recentemente immessi in aree o strati più o meno ampi, attendono di essere registrati ? Si pensi al flusso di idiotismi ed arabismi che deve avere accompagnato il rientro in Francia di una massa di ex coloni ; si pensi, per la Sicilia, alle occasioni di reciproca mutuazione che implica la presenza di braccianti tunisini nelle campagne del Trapanese. Ad arabismi recenti nel dialetto dell'isola di Lampedusa, attribuiti ai rapporti con la vicina Tunisia attraverso la pratica della pesca d'alto mare, accenna G. Ruffino, *Il dialetto delle Pelagie e le inchieste dell'Atlante Linguistico Mediterraneo in Sicilia,* Palermo 1977, che cita (a pag. 21) *micimàci* " albicocco " < *mishmash*, *farkùsu* " cetriolo " < *farkus*, *losi* " mandorle " < *loz*. A noi consta l'uso, a Palermo e in altri centri della Sicilia, come anche a Napoli, di un gergale *mafish* " non ce n'è, non ne ho " (sic. *piœuli mafish* " denari niente ", napol. *filusi mafish* " id. ", cfr. per *filusi* PELL. I 131) < ar. *mâ-fî-sh* " id. ", probabilmente introdotto in seguito alla guerra libica e non registrato ancora, come invece lo è stato, per esempio (cfr. Devoto-Oli 1000, De Felice-DURO 852) l'it. *ghirba* (anche *sic.*) " otre di pelle usato in Africa per tenervi e traspostarvi l'acqua ", comun. " vita " in *salvare la ghirba, riportare a casa la ghirba* < ar. *qirba* " waterskin " (WEHR 883*b*).

4 In " Bollettino dell'*Atlante linguistico mediterraneo* " XIII-XIV, 1971-73 (en particulier pp.143-145 et note 1).

5 Cf. M. Cortelazzo, *Corrispondenze italo-balcaniche nei prestiti dal turco* in *Omagiu lui Alexandru Rosetti,* Bucaresti, 1965, pp. 147-152 où cet auteur distingue les " turchismi…, atti individuali senza storia, nati ed esauriti nello stesso tempo, anche quando abbiamo avuto successivamente una larga fortu-

na " de ceux " che hanno o hanno avuto una loro vitalità, sono compenetrati nella lingua, vi sono assimilati, perdendo spesso ogni traccia della loro provenienza ".

6 Op. cit., pp.35-36. La question est posée plus clairement et même résolue *in extenso* par Niermeyer. Ce dernier dit notamment : " Un problème non résolu est celui de savoir ce qu'il convient d'entendre par vocabulaire latin. Nous avouons notre impuissance à donner des critères pleinement satisfaisants, qui autoriseraient à tracer une limite précise entre mots barbares latinisés, et mots franchement barbares ; car la zone de transition ne laisse pas d'être large. Le triage, pour notre dessein, était plutôt une question d'ordre pratique. Il ne nous a point paru recommandable, en tout cas, d'écarter en principe les mots qualifiés comme vulgaires par les auteurs eux-mêmes. En effet, il s'agit ici fort souvent, de vocables qui, en réalité, étaient déjà d'usage courant sous la plume des contemporains. Dans ces cas, la formule fameuse 'ut vulgo dicitur' indique seulement que l'auteur se pique d'une érudition littéraire au dessus du niveau moyen " in *Avant-propos* à *Mediae Latinitatis Lexicon minus,* Leiden, 1954-76, p. IX.

7 Cf. *La tradizione come problema filologico e linguistico,* in *Atti del XIV Congresso intern. di Linguistica e Filologia romanza (Napoli, 15-20 aprile 1974)*, I, Naples, 1978, pp. 390-91.

8 Op. cit. pp.36-37.

9 in " Bollettino dell'Atlante linguistico mediterraneo ", Venezia-Roma, X-XII, 1968-70, pp.331-376.

10 Pour ne donner ici qu'un exemple : la plupart des arabismes pénétrés dans le roumain sont récents. Ils sont de l'époque de la rénovation lexicale de cette langue romane (deuxième moitié du XIXème s.). Ils viennent de l'italien (spécialement de Venise qui les passa à l'albanais, au serbo-croate, au slovène) et du français. Le reste des arabismes (souvent en contraste) lui arrive à travers le turc. Cf. : A. Rosetti et M. Sala, *Rapports entre l'arabe et le roumain,* in " Bollettino dell'*Atlante...* " Op.cit., pp.189-195.

11 Rappelons quand même ce que dit H. Meschonnic à cet égard : " L'interaction n'est pas un déterminisme, mais l'activité du discours sur la langue, et de la langue sur le discours ; de la littérature sur la langue et de la langue sur la littérature ; de la culture sur la langue et de la langue sur la culture. ", in *De la langue française*, Paris, Hachette, 1997, p. 264.

12 Paris, 1971, p. VII. Albert Dauzat nous dit aussi que : " La première série d'emprunts qu'offre le français relative à l'Orient, et concerne l'arabe, subsidiairement le bas grec. Les croisades activèrent un mouvement d'échanges avec le Levant, que la conquête arabe avait interrompu, mais qui commençait à reprendre au XIème siècle ; le contact avec Byzance avait toujours été maintenu (quoique moins étroit) par l'Italie - les premiers mots arabes sont venus d'Espagne dès avant les croisades ; un certain nombre ont été véhiculés par l'italien, d'autres ont été empruntés directement en Orient, mais beaucoup ont continué à porter la marque espagnole. Ils désignent, pour la plupart, des den-

rées ou des objets d'Orient, des innovations d'ameublement, de costume, d'usages etc. propagées par les Arabes : au XIIème siècle apparaissent dans les textes français *amiral* (transmis sans doute par la cour normande des Deux Siciles), *azur* (passé à l'arabe par le persan), *calife* (sous la forme hispanisante *algalife*), *coton, drugement* (plus tard *truchement*, mot qui sera repris au XVIème siècle à l'arabe, sous la forme de *drogman* par le canal du grec et l'italien), *gazelle, girafe, hasard, jupe, matelas, soudan,* refait plus tard en *sultan* ; au XIIIème, *arsenal* (transmis par le grec et l'italien), *orange* etc. ; au XVIème, *épinard* (par l'Espagne), *magasin* (par l'Italie), *cotren* qui sera plus tard altéré en *goudron* ; au XVème, *douane.* Les emprunts reprennent au XVIème siècle, avec une nouvelle activité des relations commerciales : voici *abricot*, dont la forme atteste l'intermédiaire portugais, *artichaut* et *assassin* (italien ; le second désignait à l'origine une secte de mangeurs de haschich), *argousin, moire* passé par l'anglais, qui, avec l'emprunt direct de même époque *moncayard* et l'anglicisme moderne *mohairi,* offre un curieux triplet ; le XVIIème siècle ajoute *alcôve, bazar, carafe* (par l'italien), *lilas* (par l'espagnol), *café* (par le turc et Venise). Un certain nombre de mots sont dus à la langue médico-pharmaceutique, comme *alcool, elixir, julep, sirop, targon* (altéré plus tard en *estragon*) ; d'autres purement scientifiques (relatifs aux mathématiques et à l'astronomie, fort développés par les Arabes), nous ont été transmis, comme une partie des précedents, par le latin savant : *algèbre, azimut, chiffre* (dont la valeur primitive, conformément à l'arabe, était " zéro "), *zénith, zéro.*

13 *Psychologie du peuple français,* Paris, Félix Alcan, 1903, p. 193.

14 J.-M. Eloy, dans *La Qualité de la langue française,* Paris, Honoré Champion, 1995, p. 403.

15 G.B. Pellegrini, *Gli arabismi nelle lingue neolatine con speciale riguardo all'Italia*, Brescia, 1972, p. 102 ss.

16 Mais ce ne sont là, à notre avis, que des influences qu'on n'a pas suffisamment qualifiées ni quantifiées encore.

17 Dans un document de 1168 (Lagumina I, p. 12), l'évêque de Catania, Giovanni di Agello, concède que : " Latini, graeci, iudei et Saraceni ununsquisque iuxta suam legem iudicetur ".

18 " Attenzione maggiore meritano gli Ebrei, che in Sicilia furono largamente presenti nel Medioevo, essendosi aggiunti a quelli residenti da secoli altri di più recente provenienza maghrebina o iberica (...). Lettere fredericiane del 1239 ci danno notizia precisa di una immigrazione giudaica dall'Algrave, l'estremo sud del Portogallo, in varie parti della Sicilia e soprattutto a Palermo, dove, a quel che sembra, non riuscì né facile né immediata l'integrazione nella comunità preesistente. In esse si legge : " Et quia intelleximus quod quidam de judeis qui nuper ad habitandum Panormum venerunt, volunt facere dactulitum nostrum Panormi fructifare, cum exinde sint instructi... " ; " De Judeis vero de Garbo qui sunt in Panormo nec concordant cum aliis Judeis Panormi..., propter quod petunt casalina pro domibus construendis intra cassarum Panormi,

petunt etiam... concedi sibi palmeretum vel dactiletum Panormi, quod est prope favariam nostram Panormi excolendum iuxta morem eorum de Garbo... De compellendis vero Iudeis aliis qui de Garbo venerunt per diversas partes Sicilie habitant, non vidimus expedire, ne forte tolleretur aliis qui venturi sint materia conferendi se in regnum nostrum... " (Lagumina I, pp. 19-20, Huillard-Bréholles V, p. 572, G. Caracausi, Op.cit., p. 53).

19 " Il faut rappeler (...) qu'une langue étrangère a servi souvent de véhicule à des apports venant de très loin, à d'autres idiomes, l'espagnol à l'arabe, l'italien à l'arabe et au grec, l'allemand au slave, l'anglais aux termes exotiques. Quand deux langues ont été en contact pendant de longs siècles, l'une rend souvent à l'autre, à charge de revanche, des mots qu'elle lui avait empruntés autrefois, et qu'elle avait transformés dans l'intervalle (...). On assiste parfois à des emprunts successifs du même mot sous deux formes, parfois à des chassés croisés : l'anglais *mohair* (venu de l'arabe) passe au XVIIème siècle en France, où il devient *moire* ; il est repris de nos jours sous la forme *mohair* pour désigner un autre type d'étoffe, tandis que l'anglais, à son tour, nous emprunte *moire*. - Il ne faut pas oublier, d'un autre côté, que l'anglais, l'allemand, voire l'italien nous ont fourni nombre de mots gréco-latins créés respectivement dans ces divers pays par les savants, les inventeurs, les écrivains, les juristes ". Cf. Albert Dauzat, *Op. cit.*, pp. 175-76.

20 W. D. Elcock, *The Romance Languages,* London, 1960, pp. 281-81 ; trad. it. *Le lingue romanze*, L'Aquila, 1975, p.269.

21 Cf. : J. Bosch-Vila (*A propósito de la Berberización de al-Andalus,* in " Les Cahiers de Tunisie " XXVI, n° 103-104, III-IVè trim. 1978, pp. 129-141) qui nous dit : " ... aun cuando una buena parte de las tribus beréberes... se integraron en el sistema cultural árabe, arabizándose, por tanto, otros grupos tribuales, aislados..., debieron de conservar sus esencias culturales norteafricanas, sus hábitos, sus costumbres e incluso su lengua, influyendo de alguna manera en las áreas donde se establecieron y en las que permanecieran duante siglos, y creando las conditiciones básicas para la formación de micro-áreas culturales. ", p. 137.

22 *Arabismos*, in *Enciclopedia lingüística hispánica II*, 1, Madrid, 1962, pp. 93-126.

23 H. Lüdtke, *El beréber y la lingüística románica,* in *Actas del XI Congreso int. de Lingüística y Filología románicas,* II, Madrid, 1968, pp. 467-72.

24 Alors que G. Caracausi nous dit concernant la Sicile, s'appuyant même sur d'autres approches comme celle de L. Serra, *Concordanze dialettali italiane con voci arabe e berbere e voci italiane in un dialetto berbero della Tripolitania* (in BALM XIII-XV, 1971-73, pp. 433-48) : " Ora di voci di origine berbera penetrate nel dialetto siciliano, e per di più tramite arabo, o almeno individuate sinora, si è in grado di citare un numero estremamente esiguo. Ma lungi dal dimostrare una totale assenza di Berberi o un loro ruolo soltanto marginale nell'occupazione dell'isola, tale fatto, in mancanza di precise notizie al riguardo, lascia adito alla supposizione che qui come nella Penisola

Iberica, si sia verificata una loro rapida arabizzazione ", Op.cit., p. 47. Mais il suffit de consulter Pellegrini (*Atti del XIV Congresso int. di Linguistica e Filologia romanza - Napoli, 15-20 aprile 1974,* I, Napoli, 1978, 383-84) qui retrouve dans les " giarde " de l'époque des Normands qu'on a enregistré " Villani " désignés par l'ethnique " berbero = *al-barbar* " ou par des noms qui sont certainement d'origine berbère. Cf. : Cusa qui les rappelle dans les transcriptions grecques. Par exemple le nom : *bâdîs* = *π∑∂íç* (Cusa 139a) ou encore par *ß∑∂íç* (ib. 165a). Ce nom existe bel et bien en Algérie.

25 Fernand Brunot soutient très hâtivement pour l'élément arabe qu'il faut faire une place à part : " il a eu sur le français une influence médiocre assurément, mais relativement beaucoup plus importante que les autres idiomes orientaux. Ce fait s'explique facilement si l'on songe aux relations qu'eurent ensemble, au moyen âge, l'Occident chrétien et l'Orient musulman, aux croisades, à la longue domination des Islamistes dans le bassin méditerranéen, à leur séjour en Espagne, enfin à l'éclat que jetèrent les grandes universités de Séville, de Tolède, etc. d'où sortirent pendant longtemps les principaux livres de philosophie et de science… ". Mais F. Brunot ne retiendra dans son exposé malheureusement trop court que 9 lexêmes venant de l'arabe (*Grammaire historique de la langue française,* Paris, 1899).

26 Le siècle de la linguistique historique, le XIXème siècle, a formé le projet de deux grands dictionnaires historiques en continu, le *Deutsches Wörterbuch* des frères Grimm, commencé en 1854 (le tome 33, et dernier, a paru en 1971) ; et le *Oxford English Dictionary*, de Maurray. Le culte du XVIIème siècle a empêché un tel projet de se réaliser en France : " Le dictionnaire de Littré n'est pas le Littré lui-même. Mais *l'historique*, pour lui (la seconde partie de ses articles), est 'riche amas de débris' (p. VIII). Il y choisit 'quelques épaves', parce qu'il aime les vieux mots, la 'langue des métiers', et les patois (p. XXVI) ", nous dit Henri Meschonnic (*De la langue française*, Paris, Hachette, 1997).

27 *Larousse Etymologique* (1971, XXIV).

28 Il est vrai que la variété extraordinaire des dialectes arabes pré-islamiques ont été étouffés par l'arabe littéraire, pendant que d'autres variétés allaient se former quelques siècles plus tard, tout de suite après la conquête arabe partie du Golfe persique pour rejoindre l'Atlantique et l'Andalousie. Voir surtout les travaux de Steiger (*Arabismos,* pp. 98 et ss) ; Rizzitano (*A proposito di arabismi nel siciliano,* in " Boll. " XII, 1973, pp. 322-324) ; G. R. Cardona, in " Lingua nostra " XXXIV, 1973, p. 29 ; Gabrieli, *La letteratura araba,* 1970 ; Blachère, R., *Histoire de la littérature arabe, des origines à la fin du XVème siècle,*I, XXXIII, Paris, Librairie d'Amérique et d'Orient Adrien-Maisonneuve, 1952 ; Pellat, Ch., *Langue et Littérature arabes,*Paris, Armand Colin, 1952. Disons-le franchement ! Dans le monde arabe, la relation entre le dialectal et le littéral a besoin d'être perçue aujourd'hui dans leur complémentarité et non dans leur antinomie. En d'autres termes, bien qu'ils constituent typologiquement deux langues apparentées mais structurellement diffé-

rentes, on pourrait les considérer comme deux registres d'une même langue.

A ce titre, ils ont besoin d'être étudiés dans cette optique, car jusqu'ici la dialectologie était mal vue dans les pays arabes (et même au Maghreb), incomprise et souvent idéologiquement et politiquement chargée. Nous pensons donc que pour que les études linguistiques jouent pleinement leur rôle de vecteur du développement culturel et scientifique, aucun registre ne doit être ignoré ou relégué à un niveau subalterne, car cela révèlerait une vision figée qui ne prend pas en considération les facteurs d'interaction et d'évolution. C'est, à notre avis, ce qui explique, d'un côté, l'absence totale en arabe d'un dictionnaire historique, et d'un autre côté, l'insuffisance manifeste des études dialectologiques.

29 Ce terme vient de l'arabe *al-barqu:q* qui dérive lui aussi du latin *praecoquum* (cf. Pellegrini I, 195). Le terme arabe se trouve dans (Cusa, 204, r. 19 e r. 15-16) comme *wâdi barqûq* = *flumen barcoc* et a eu une grande diffusion en Sicile et dans toute la Péninsule italienne en plusieurs variantes, comme (ITAL) *albicocco* que l'article ar. *al-* agglutiné fait raisonnablement présumer (cf. Pellegrino II, 482) qu'elles nous viennent de l'ibérienoroman (voir notre *Introduction*): cf. (ESPA) *albaricoque* (1e doc. 1330), (CATL) *albercoc* (1e doc. 1350, à peu près), (PORT) *albricoque* (1e doc. 1500).

NB: La fortune de ce terme n'a pas totalement effacé en Italie les reflets du latin *praecoquum*, notamment dans le Sud.

30 (SICU) *lammicu ;* (ITAL) (a) *Lambicco* ; (LATM) *alembicum* remonte à l'arabe et au grec ; l'article *al-* agglutiné en (SICU) et ITAL (ancien) rend probable l'irradiation ibérique de l'emprunt (Wartburg, XIX 7-8) nonobstant l'attestation tardive de (ESPA) *alambique*, (PORT) id (1ère doc. 1500).

31 Ce terme signifie " juge espagnol " (Wartburg XIX 75) < (ESPA) *alcade* (1200-1300, Real Academia Española, II 162) ; (ITAL) *alcade* (Baretti, Battisti-Alessio I 133) et *alcalde* (ib. ; *alcaldus* à Rome, 1305, Pellegrini I 100) ; (CATL) *alcalde* utilisé en référence au monde musulman (1e doc. 1315, Corominas..., I 158 ; même ici *alcadius/alcaldus* dans un doc. de Iacca de 1287, La Mantia I 379) ; (PORT) ancien : *id* (1e doc. 1130, Machado I 141): cf. (LATM) *alcaldis, alcaldus* 'praeses, praetor, praefecus apud Saracenos et Turcos' (ib. II 14).

On ne peut guère exclure, au passage, une provenance de l'Orient plutôt que de l'Ibérienoroman pour l'ancien Pisan *alchadi* (1184, Pellegrini I 99), *liarcariu* (1173, ib. 419, 504), ancien Ligure *archadius* (1101, ib. 358), (VENA) *cadhy* (1302, Cortelazzo, *Arab.* 95). Voir *Cadi* plus loin.

32 Le terme arabe est arrivé en (ESPA) en 1101 (Corominas I 91-92, Corominas-Pascual I 124), en (CATL) *id.* (peut-être par l'intermédiaire du castellan, ib.), en (PORT) *alcavala* (1e doc. 1111, Machado I 144). Mais, on est sûr d'affirmer aujourd'hui que le point de départ de cet arabisme pour toutes les langues romanes fut la Sicile (cf. Lokotsch 974).

Voir aussi *gabelle* plus loin.

33 Le terme arabe est entré avec l'article *al-* dans les langues ibériques,

(ESPA) *alcázar* (1e doc. a. 1069) ; (CATL) *alcàsser* ; (PORT) *alcácer* (1e doc. a. 1176), alors qu'en (SICU) le vocable a perdu son article *al-: cássaru, cássiru, carsu, cassu.* Dans ce cas, le terme arabe dérive du grec et du latin (Pellegrini I, 256 et Cusa 182, r. 17).

34 Cet arabisme est probablement arrivé dans les langues romanes [en Sicile sous la forme de *alchimia* et *archimia* (Traina 37), *archimista* (ib.)] à travers l'(ESPA) du moins à partir du XIIIème siècle (cf. Corominas I 167-68, Wartburg XIX 93-4): *alquimia* (1e doc. 1250) ; (ITAL) *alchimia* (*alchima* Bonagiunta Orbicciani da Lucca, *alchimia,* Dante ; Battisti I 294), etc. (cf. Lokotsch 1157).

NB. Médecins et alchimistes, les Arabes ont laissé de nombreux termes touchant aux sciences. Un certain nombre d'entre eux provenaient du grec, particulièrement en alchimie.

35 Ce terme, nous rapporte le RHLF, présenté comme mot arabe (A. Paré) au sens de " poudre d'antimoine ", le mot acquiert la valeur plus générale de " poudre obtenue par trituration et sublimation " (*Alcohol martis*). Par analogie, *vini alcohol* (1594) désigne " l'esprit " du vin, fluide obtenu par sublimation et *alcohol* équivaut alors à " essence " ou " esprit ". Cette acception (1612, *alkol*) qui, s'agissant du vin, correspond au concept moderne d'*alcool éthylique* (où *alcool* a le sens étendu en chimie) passe dans les langues modernes au XVIIème siècle et l'emporte sur la première (*alkool*, dans le dictionnaire de Thomas Corneille, 1694), le mot reste rare et didactique mais, au XVIIIème siècle, l'acception d'" esprit de vin " (désignée par *alcool* ou *alcool de vin*, 1762) est seule connue, même si le sens de " poudre " est encore rappelé (1757, *Encyclopédie*).

36 Le terme français *alcôve* est un emprunt lexical indépendant du (FRAA) *alcube,* (PROV) *aucuba* [1e doc. (LATM) *alcuba* 800, Wartburg, XIX, 96-97]. Mais dans le (SICU), la voix dérive directement de l'arabe (Freytag III 388a ; Pellegrini I, 258): elle correspond jusqu'à maintenant à différents toponymes *Cuba, La Cuba, Cubba* (voir plus loin le terme *Kubba*).

De (ESPL) dérive (ITAL) *alcova* (1e doc. 1500), (SICU) *arcova* et *arcòvia* (Pellegrini I, 154) avec le toponyme *Alcova.*

37 Le RHLF lui donne une autre origine en soulignant que le terme se retrouve pour la première fois chez Rabelais en 1534, et qu'il provient de l'arabe *'az'ar* " blond ardent, roux ". Il désigne donc " le renard et le poil de couleur analogue de certains chevaux " et par-là il qualifie " un cheval dont le poil tire sur le roux, et ce poil. Il est substantivé pour désigner le cheval ".

38 Le vocable dérive de l'arabe *halfâ* (Freytag I, 418a). Cf. Maltais *halfa* (Barbera II, 443, Busuttil 80). Il a été réintroduit en Europe vers la fin de la première moitié du XIXème siècle pour des raisons commerciales et donc grâce à une meilleure exploitation du produit en question. L'Emprunt médiéval ne fut pas seulement galloromain, comme le soutient (Wartburg XIX, 63-64) avec (PRVA) *alfa* 'espèce de corde en jonc' (fin XIVème siècle) ; ancien Lyonnais *offe*, 'jonc provenant de l'Espagne, utilisé pour les filets à poisson',

(FRAA) *aufe* ; (LATM) *alfa* ; (PORT) *alfalfa* (1e doc. 1200 ; var. *arfarfa* a. 1253, avec *al-* agglutiné, Machado I, 151).

NB: Voix différente (ESPA) *alfalfa* 'herbe médicale' d'où dérive anciennement (SICU) *alfanczi* 'herbe médicale'.

39 Ce terme qui provient de l'arabe *al-wazîr* 'visir' ou 'vizir' a donné au (SICU) *aguzzinu* 'littore' (Pasqualino I 65), *auzzinu* 'dicesi ai sergenti di alcuni Tribunali che portano le notificazioni de' loro ordini, cursore' (Ib. 172), *algoziru* 'consigliere e amministratore della cosa pubblica, ministro, principale ufficiale del gran consiglio presso i Turchi' (Pellegrini I 74, 133) ; Cf. (ITAL) *aguzzino* (a. 1500 environ, Battisti-Alessio I 122), (ESPA) *alguacil* (1e doc. *aluazil* a. 1075, Corominas I 122-23), (PORT) *aguazil* (1e doc. *aluazil* a. 1082, Machado I 120), (CATL) *algutzir* (Corominas... I 193 ; 1e doc. *aluazir* a. 987 Bassols De Climent... 94), (CATA) *alguaçirius* (Lerida, a. 1286 CD Aragonais I 343), (FRAM) *alguazil* (a. 1660), *algousin* (a. 1520) etc. (Wartburg XIX 198) ; (LATM) *alguazilus, -irus* 'iustitiarii dignitas apud Arabes' (Du Cange I 177), *algatzarius, -erius, algutzariatus* 'officium algatzarii' (Aragona, a. 1339, ib. 176).

Il apparaît convaincant que les formes non ibériennes en *-il* aient une provenance hispanique, catalane, alors que celles en *-ir* > -in- ; mais la datation conduirait à retenir une catalanisation même de *alguzili* cité ci-dessus. La tombée sémantique est générale du terme 'ministre': *al-waziri* (sens premier de l'arabisme) à *argousin* qui signifie 'bourreau' ou 'bas officier des galères' jusqu'au péjoratif utilisé aujourd'hui pour indiquer un 'agent de police'. Cela est dû certainement à l'acception documentée de l'ancien espagnol *alguacil* qui signifiait 'gobernador de una localidad, con jurisdicción civil y criminal'.

40 Du substantif ar. *qirmiz* dérivent *quermes* et *alquermes*, (CATL) *id.* d'où l'(ITAL) *alchèrmes* (1500) et le (FRAN) *alkermès.* Dans notre tableau, les différents modes d'appellation latine se rapportent aux villes de Bologna, Rome, etc.

41 Voir *alcool.*

42 On retrouve ce terme dans les langues romanes déjà au Moyen âge. L'ar. *amîn* se retrouve en espagnol sous la forme de *alamîn* (1e doc. 1313, Corominas... I 77) 'oficial que en lo antiguo contrastaba las pesas y medidas y tasaba los viveres', 'alarife disputado en lo antiguo para reconocer obras de arquitectura', 'juez de riegos' (Real Academia Española 48) ; (CATL) *alamî* 'id' (1e doc. 1250 Corominas... I 134) ; (PORT) *alamin, amin* (Machado I 132). Le sicilien Amari l'indique sous la forme sicilienne de *Aminaddal* de l'ar. *amîn ad-dawlah* 'il fidato della dinastia' (Amari III 596, nota 1).

Il désignait lors de la colonisation de l'Afrique du Nord, le magistrat mais encore le percepteur dans les foires foraines.

43 Originairement et littéralement: *amîr al-bahr / amîr ar-Râhl* ('commandant de la mer'), (Lokotsch 69), (ESPA) *almirante* ; (PORT) *id,* (FRAA) *aumirant,* (ancien ITAL) *almiraglio, arm-, almirante ;* (SICU) *almiranti, merante.*

NB. Ce terme a été utilisé par la cour normande de Sicile comme titre honorifique au plus proche et au prestigieux collaborateur du souverain. On pense que c'est de la Sicile que le terme ait eu l'acception spécifique de 'Commandant de la flotte' et de là l'expansion vers l'aire romane (cf. la monographie de L.R. Ménager, *Amiratus, l'Emirat et les origines de l'Amirauté*, Paris, 1960.)

Voir aussi le terme *émir*.

44 (ITAL): 'arsenale d'origine arTURK' (Devoto-Oli) ; désigne l'arsenal de Venise jusqu'au XVIème siècle. Cf.

Colin-Cahen, *Dâr el-sinâ'a,* dans *Encyclopédie de l'Islam*, II, pp. 132-34 ; M. Lombard, *Arsenaux et bois dans la Méditerranée musulmane* (VII-XIème siècles) in " Le Navire... " dans *Travaux de la IIème Coll. Hist. Marit.*, 1957 ; L. Torres-Balbas, *Atarazenas hispano-musulmanas,* dans *Al-Andalus,* XI, 1946, pp. 175-210.

Voir plus loin le vocable *Darse.*

45 Que l'arabe avait, d'après les sources arabes, emprunté au persan. Ce terme a donné le (SICU) *milinciana* 'petonciano' (Pasqualino III 160, Traina 590) avec le top. *Milingiana* (Mont) 55C4 ; (ITAL) *melanzana* (Battisti-Alessio IV 2410). Terme utilisé partout dans la Péninsule italienne non seulement dans les dialectes méridionaux (cf. Jaberg-Jud VII 1381 'melanzana') lequel dérive de l'ar. *bâdindjân*, avec l'influence probable de *mela* pour *m*- initial (Pellegrini I 193). A noter que l'ar. *b* est rendu normalement par *b*. Mais ici c'est l'unique cas où l'ar. *b* change en *m*.

Pour les différentes formes de ce terme dans les langues européennes, voir Lokotsch 161, Wartburg XIX 17-18, Corominas... I 444.

46 Il s'agit là plutôt d'un turquisme passé dans l'italien.

47 Utilisé aussi en persan pour indiquer l'Immam suprême. Le mot existe dans tous les pays islamiques et signifie littéralement 'Parole de Dieu'.

48 (ESPA) *acerola* (1e doc. 1611, Corominas I 23) ; (PORT) *(a)zarola* ; (CATL) *atserola* ; (ITAL) *(l)azzeruola* (Lokotsch 2206).

A souligner que le *r* arabe est presque toujours rendu dans les langues romanes par *r*, que le *z* est rendu souvent avec *z* avec les alternances de *c, ç, czt,* etc. ; de l'ar. *û* qui est souvent maintenu en d'autres cas, le passage à *o* comme dans ce cas spécifique et enfin l'agglutination de *al* est exclue.

49 Les sens techniques 'verre coloré à l'oxyde de cobalt' (1771) synonyme *bleu d'azur*, et 'lapis-lazuli' (1500), synonyme *pierre d'azur* (1611) qui revient à l'étymologie, semblent moins usités que ces syntagmes.

50 Ce terme signifie 'bénédiction, faveur du ciel': il y a de nombreuses études concernant ce terme et ce qu'il a signifié dans les pays arabes du Maghreb, ainsi que sur son émigration vers la France et l'Europe.

Cf. W. Marçais et A. Guiga, *Takrouna I, Textes*, p. 290 et *II Glossaire* pp. 385-386 ; J. Quéméneur, *Chez les babouchiers de Tunis* dans *IBLA*, 8, Tunis, 1946 pp. 411-419 ; R. Le Tourneau, L. Paye et Guyot, *Le commerce des babouches à Fès*, dans Bull. Econ. Maroc., janvier 1936, pp. 36-42.

51 C'est une 'variété de rubis' du nom de la province perse *Balahshan*, cen-

tre de production et de commerce de cette pierre (actuellement *Badakhshan*), pays frontière entre l'Afghanistan et le Tadjikistan. Le mot arabe a fourni l'espagnol *balax, balaxo, balaja* ; le portugais *balax* et l'italien *balascio.*

52 Voir plus loin *Marabout.* Cf. E. Doutté, *Magie et religion*, pp. 419-439 ; W. Marçais et A. Guiga, *Takrouna I,* Op. cit., p. 286 et pp. 291-292 ; G.S. Colin *Baraka* dans *Encyclopédie Isl. I,* Op. cit., p. 1063 ; Probst Biraben, *La Baraka* dans *En terre d'Islam*, 1er tr. 1946, pp. 7-15: l'auteur essaie dans sa définition de ce terme de dégager le caractère merveilleux ou superstitieux qu'on lui attribue fréquemment (depuis les voyageurs français du XIXème siècle au Maghreb), une croyance - facilement héritée des magies primitives - pour la replacer dans son cadre de " Karâma " départie aux adeptes des confréries maraboutiques. Cf. E. Westermarck, *Ritual I*, pp. 35-261 et du même auteur *The moorish conception of holiness (baraka)*, Ofversigt of Finska Vetenskapo. Societetens Förhandlingar, LVIII, 1915-1916, où l'auteur illustre: 1. Sens du terme et êtres ou choses qui en sont comme porteurs ; 2. Miracles accomplis par les saints musulmans. Effets de la *Baraka* et moyens employés pour l'obtenir ; 3. Facteurs susceptibles d'en détruire ou entraver les effets.

53 (ITAL) *barbacane* (1e doc. G. Villani, Batt. II ss. ; mais (LATM) *barbacanis* à Pise 1156, Du Cange I, 568) ; (PRVA) *barbacana* (Wartburg XIX 20) ; (CATL) *id ;* (ESPL) *id ;* (PORT) *barbacâ.* Pour toutes les questions de variabilité et de doutes sur l'origine arabe, on renvoie à Pellegrini (I, 421-23) qui reprend, à vrai dire, une ancienne étymologie arabe: *barbah* 'tuyau d'acqueduc, égout' + arPERS *hâna* 'maison grande ou petite', restreint la proposition à un pluriel en *-ân* du seul *babah* 'canalis per quem aqua fluit..., foramen mediae domus per quod expurgatur cloacalis colluvies ex opere figulino (Freytag, I 102b) ; (SICU) *varvacani* (Pasqualino V, 284).

54 Ce terme existait à Palerme en 1282 (*De Rebus Regni Siciliae 9 sett. 1282 - 26 agosto 1283. Documenti inediti estratti dalla Corona d'Aragona* e pubblicati dalla Sovrintendenza agli Archivi della Sicilia, Palermo, 1882), à Messina en 1283 (Testa I, 65), à Catania en 1345, mais qui désignait soit comme *barda* ou *varda* 'quell'arnese che a guisa di sella portano le bestie di somma: basto' (M. Pasqualino, *Vocabolario siciliano etimologico, italiano e latino,* Palermo, 1785-95, p. 185). Ce terme provient de l'arabe *barda'a* (notamment du Maghreb où il est encore utilisé) et il a eu une diffusion plus grande en Italie méridionale, notamment en Calabre et dans les Pouilles (cf. G. Rohlfs, *Vocabolario dei dialetti salentini,* München, 1956-59).

(ESPA) *barda* (W. V. Wartburg, *Französisches Etymologisches wörterbuch*, Bonn-Berlin-Basel, 1928, XIX 25b). Selon ces auteurs le terme était entré une première fois dans le galloromain directement de l'Orient ; cf. (LATM) *barda*: (1144 à Toulon) ; (FRAA) *barde* (1220).

55 Le terme est emprunté à l'ar. *lubân-jawi* 'encens de java' avec la perte de la syllabe initiale *lu*, confondue avec l'article catalan *lo.* L'origine est confirmée par la localisation géographique de la première attestation dans les *Comptes du roi René*, les rapports entre l'Aragon et le Royaume d'Anjou ayant

été très étroits.

Il a existé une autre forme *bengin* (1515) de même origine arabe, entrée en France par l'intermédiaire du portugais et de l'italien.

Rabelais l'utilise comme un jeu de mots (*bienjoint*), *maujoint* 'mal joint' se disant alors du sexe de la femme.

56 Terme qui a intéressé beaucoup de chercheurs linguistes et ethno-sociologues sur " l'origine, l'histoire, les institutions, la vie sociale, la langue et la religion " de ce fonds de la population de l'Afrique du Nord. Nous citons ici les travaux les plus intéressants et qui reportent surtout l'histoire de ce terme et son passage dans la langue française. Cf. A. Basset, *Les parlers berbères,* dans *Initiation à la Tunisie,* pp. 220-226 ; G. S. Colin, *Appellation donnée par les Arabes aux peuplades hétéroglosses,* dans *Compte-rendus* du G.L.E.C.S. (Paris), VII, 1954-1957, pp. 93 ; G. H. Bousquet, *Les Berbères* (Histoire et Institutions), Paris, " Que sais-je ? " n. 718, 1957 ; *Encyclopédie Isl.* Art. *Berbères I,* pp. 1208-1222 et bibliographie ; L. Bertholon, *Les premiers colons de souche européenne dans l'Afrique du Nord,* dans *Rev. Tun.* 1897, pp. 416-424 ; 1898, pp. 47-70, 147-169, 355-371, 423-443 ; 1899, pp. 123-138, 285-309 ; L. Galand, P. Pernet et C. Lacoste, *Les études berbères* dans *Journ As.*, t. 261, 1973, pp. 109-116 ; E. Laoust, *Mots et choses berbères*, Paris, Challamel, 1920 ; L. Galand, *Les études de linguistique berbère de 1954 à 1956,* dans *Annuaire de l'Afrique du Nord*, 1965, pp. 743-765.

57 Il est aussi présent dans la toponymie ibérique (cf. Steiger, *Contrib.* 185, Vernet Ginés 568) que dans la toponymie sicilienne où l'ar. *burj* ou *burdj* désigne 'arcis turris, propugnaculum' (Freytag, I 103b) ou 'phare', 'habitation en pierre dans un jardin' (Dozy I 64b), (arSICU) *id.* (cf. Pellegrini I 291) et qui a laissé de nombreuses traces soit seul, soit uni à un déterminant dont il nous est encore difficile identifier l'origine (cf. G. Caracausi, *Arabismi...*, p. 42, 134-136). L'acception sicilienne relève directement de l'arabe.

58 L'hypothèse de (Wartburg XIX 28-29) montre que l'emprunt aux langues romanes est parti de l'Espagne, mais convainc moins que celle que l'on attribue par voie commerciale, surtout pour la date d'attestation de ce vocable en Ligure (*bar(r)achamis)* [*Liber iur.*, I, 361], *baracamos* (1156, Pellegrini I 337) ; (ANVI) *barachamo* (a. 1255) et Pisan: *baracchanum* (1286, Pellegrini II, 421) ; (ITAL) *baracane* (G. Villani, Batt. II 48) ; le Grec moderne dérive certainement du français *bouracan* (1e doc. *bouragan* 1589, Wartburg I C). L'acception 'couverture' n'est pas seulement sicilienne (*barracani, bbarracanu,* Dozy I 76b *Vêtements* 68-71), cf.: (LATM) *barracana, -anus* (Du Cange I 587): 1218 " inveni octo culcitras plumeas, sex coopertoria... et duas *Barracanas*, et quatuor flaciatas ".

59 De l'arabe [*barnûs, burnûs, burnus*] 'pileus oblungus, apex quo initio Islamismi monachi utebantur, operimentum faciei et capitis' (Freytag I 115a ; cf.: Dozy *Vêtements* 73-80, Wehr 69a). C'est un vocable qui a eu une grande fortune: (ITAL) *albernuzo, -uso, barnuso, -usso, bernusso, ilbernus* (Battisti et Alessio, I 109-496), *burnusse* (ib. 639) ; français *bournous, bernus, burnous,*

etc. (Wartburg XIX 27-28) ; (CATL) *barnús*, ancien (CATL) *albarnus* ; (ESPA) *albarnoz* (pour CATL et ESPA, cf. Corominas et Co. I 656, 88, 120) ; (PORT) *albarnoz*, ancien (PORT), pl. *albarnozes* et *albernozes* (Machado I 137).

60 Ce terme est indépendant de *alcadde* ou *alcade*, 1323 (juge espagnol). Il signifie 'magistrat musulman qui réunit les attributions judiciaires et religieuses' au XIVème s. et il provient directement de l'Orient (cf. G. Caracausi, *Arabismi medievali in Sicilia,* CSFLS, Palermo, 1983, pp. 98-99).

61 Le terme arabe désignant le fruit se trouvait déjà dans un document écrit à Tripoli de Syrie (1116-1137): 'arboribus de quarubliis' cité par Caracausi, Op. [TabSMLat doc. 3], 162. Il passa directement en Sicile, (SICU) *carrubba* (cf. Jaberg-Jud, VII 1284). De là les différentes voies du Sud de la Péninsule italienne et naturellement en Europe: l'ibérique pour (ESPA) *algarroba* (1e doc. *garrova* 1269, I 160) ; (PORT) *alfarroba, ferroba* (Machado I 153) ; (CATL) *garrofa* (Alcover... VI 204) ; (PRVA) *garrova* (Wartburg XIX 67). C'est par voie maritime en Ligure d'abord, d'où probablement le terme a signifié 'la monnaie' (1e doc. 1161), en Provence ensuite: (PRVA) *carobla* et dans le (FRAA) *carrouge* qui a signifié aussi 'gousse pulpeuse, fruit du caroubier' (XIIème siècle), français *car[r]ouge*, (FRAA) *caroble* (XII-XVème siècle Wartburg 1c).

62 Du moyen français: *chamarre* ; *chamarrage*, 1828 (Raymond) ; *chamarrure*, 1595 (Charron).

63 (SICU) *sciabbica* (Pasqualino IV 388), *sciàbica* (Pellegrini *Voci* 155) ; Maltais *xibka* (Barbera IV 1144, Busuttil 376). Ce terme est pénétré dans l'Ibérienoroman: (ESPL) *xábega* a. 1543 ; (PORT) *id.* (Machado II 2185) ; (CATL) *aixàvega* (avec *al-* agglutiné) ou *xàvega* (1e doc. *xàveguas* pl., a. 1398) d'où (PROV) moderne: *savego* 'long filet de pêche formé d'une grande poche et garni de 2 ailes sur les côtés', 'bateau pour pêcher à l'aissangue', (FRAN) *aissangue* 'filet de pêche' (Wartburg, XIX 165).

NB. À l'arabe *k* correspond la graphie grecque *x* ou *k* latine ou très souvent *c* devant une voyelle non palatale, *k* ou *ch* à une palatale.

64 Usage d'abord dans les républiques italiennes de la mer et puis dans les différentes langues européennes (cf. Lokotsch 1775). Concernant généralement les chefs de tribus arabes.

Ancien pisan: *abucec sceca tripolis* (1181 ; mais " de Guillelmo da Cornassano potestade di Pisa, et da li *scecha* et da lo Comuno di Pisa ", 1264, Pellegrini II 432) ; ancien VEN. *seca* (1305 ; ib. 584) ; (ESPA) *jeque* (1e doc. *xeque*, 1580 environ, Corominas II 1047), (PORT) *xeque* (1er doc. 1504, Machado 170), dont l'(ITAL) *sceicco* (XIXè siècle, Battisti-Alessio V 3381) ; etc.

65 (SICU) *coffa* a. 1330 (Valla 25 ; Scobar, in Trapani 534) ; (Pellegrini I 164). Il est vraissemblable d'après Corominas (ll.c.c.) que l'acception nautique ait eu comme point de départ une région maritime, comme la Catalogne médiévale, mais ce n'est qu'une simple supposition qui ne convainc personne

[à l'exception du terme de la Sardaigne *kòffa* qui provient naturellement du (CATL)] et l'on penche plutôt, aujourd'hui, vers un arabisme direct de la voie sicilienne qui arriva, à son tour, dans toute la Méditerranée et donc vers la France.

66 Ce terme est attesté au moyen âge dans la forme latine *tars(i)anatus* et en vulgaire dans la forme *tarzanà* (a. 1434) en Sicile. Il survit jusqu'à maintenant à Palerme sous le nom de *Piazza, Via, Vicolo Tarzanà* (*Tirzanà* in De Gregorio, *Gloss.*, 248) ; (SICU) *tarsana* (Scobar, in Pasqualino V 182), *tirczana* (Id. ib. 212), *tarsena* (Traina 1016).

La composition arabe *dâr as-sana:'a* (litt. 'maison du travail') a atteint une diffusion internationale, avec cependant des allotropes qui se sont constitués dans de nombreux centres mais selon une caractérisation différenciée. Cf. Cl. Cahen et G. S. Colin, *Dâr el-sinâ'a*, dans *Enc. Islam. II*, pp. 132-134. Par exemple le (SICU) *arsenali* (Pasqualino I 146), *arsanali, arsinali, assanàriu* (*Vocab. Siciliano*, I 283 et 298) semble avoir été emprunté à l'italien *arsenale* (*arsanale, arzanale, arsenà, arsanà ;* 1er doc. *arzanà* Dante, Battisti-Alessio I 305) lequel reste lié au (FRAM) *archenal, arsenail, arsinal* (1er doc. XVè siècle, Wartburg XIX 39) qui provient du vénitien (1e doc. (LATM) *arsana* a. 1206, *arsenatus* a. 1272, *arcenatus* a. 1314 ; dialecte vénitien *arsenà* a. 1305). Alors que la forme *tarsena* dans Senisio [Testrinum ni... textrinum, a texto is, idest locus ubi naves fabricantur, quod volgo dicitur *tarsena* (Senisio 133)] peut être lue *tarsenà* ; l'allotrope *darsina* dans la lettre frédéricienne de l'an 1209 reste, à ce qu'il paraît, isolée dans la documentation médiévale sicilienne alors qu'elle revient constamment dans les lettres péninsulaires, c'est-à-dire dans les documents de Città di Castello (a. 1240) et dans un autre document de Sarzana en l'an 1239. De toute manière le (SICU) *dàrsina* dont proviennent par influx de *tarzanà,* les variantes *darsenà* et *darsanà*, semble un emprunt de l'italien *dàrsena* (1er doc. XVIIè siècle) qui, avec l'ancien *darsenale* (Battisti-Alessio II 1212), le (FRAM) *darse* (1er doc. 1415), le (PROV) *darso*, le (FRAN) *darsin*, provient du (AGEN) [1er doc. ivi (LATM) *darsena* a. 1147, (AGEN) *darsena*, Wartburg 1c, Pellegrini I 346], même si l'on a encore un doute après la trouvaille d'un doc. pisan de l'an 1162 (Pellegrini II 424).

Une autre variante très proche de l'Espano-arabe *dâr as-sana'â*, on fait remonter (ESPL) *ataraza* [1er doc. *daraçana* ou *adar* - a. 1277, *ataraçana* a. 1340 même *atarazanal*, (CATL) ancien *daraçana* a. 1230, *darassana* a. 1239, et donc *drassenal, darazenal*] contro (CATL) *dàrsena, darsa* qui provient du (FRAN) ou de l'(ITAL). Cf. L. Torres-Balbas, *Atarazenas hispano-musulmanas,* dans *Al-Andalus*, XI, 1946, pp. 175-210.

On a relevé jusqu'à ce jour que pour le traitement ar. *d-* > *t-* dans les formes ibériennes, dans le (FRAA) *tarsenal* (D 1200), dans le (SICU) *tarzanà* etc., une médiation du turc *tarsàne* est invraisemblable (cf. B.E. Vidos, *Storia delle parole marinaresche italiane passate al francese*, Firenze, 1939, particulièrement les pp. 198-206) entre autre non conciliable avec la haute datation qui nous est fournie par les documents siciliens.

67 Voir Eugène Fromentin, *Un été dans le Sahara* et notre travail *L'Image du Maghreb dans les lettres françaises au XIXème siècle,* Op. cit.

68 La thèse de Amari (II 524, note 2) fait dériver le terme *tarì* ('monnaie d'argent qui vaut vingt *grani* de notre monnaie et c'est un *carlino* napolitain', Pasqualino IV 181) de l'ar. *dara:hîm* (en réalité *darâhim*), pl. *dirham*, nom de monnaie qui remonte au grec et qui a eu grande fortune en Méditerranée et en Italie particulièrement (Battisti-Alessio, l.c.) malgré les difficultés non seulement phonétiques (Nallino, Amari l.c.). L'étymologie du terme *tarin* [(PRVL) *tarim* (1240), (FRAA) *tarin* (1200), (ESPL) *tarín* (1511)] la plus correcte aujourd'hui, a été indiquée par deux chercheurs de talent, M. Ullmann (in G. Rohlfs 499) et S.M. Stern (in Pellgrini I 108) dans l'usage vernaculaire de l'adjectif ar. *tarî* 'frais de frappe', c'est-à-dire qui n'a pas encore diminué de poids pour une circulation prolongée, respectivement par les syntagmes *dînâr tarî* 'dinar frais' et *rubâ'i tarî* 'quart de dinar'.

NB. L'ancien *tarî* (sicilien) correspondait régulièrement à *rubâ'i* des sources arabes, comme d'ailleurs l'avait remarqué Amari (II 523) et surtout Stern dans un article posthume extraordinaire. Ce dernier développa l'histoire de ce terme (*Tari*, in " Studi Medievali " XII 1970, 177-207 ; cf. Pellegrini *Postille* 69-70) en apportant dans sa recherche une documentation très abondante qui fait même remonter au Xème siècle la diffusion en Italie méridionale de la monnaie frappée en Sicile (1er doc. 908).

Quant à la signification de *tarí* ('frais de frappe'), elle a été sans doute perdue très tôt ; il ne nous reste que des documents siciliens (que Stern nomme dans sa bibliographie) des années 1271 et 1272 qui précisent que les monnaies que l'on donne en paiement doivent être 'intactes', c'est-à-dire des monnaies qui ne sont ni usées ni 'rognées', mais 'parfaites', 'de frappe juste' et 'complètes (de chiffre)'.

69 Voir notre *Introduction,* n. 3.

70 Ce terme avait, selon Pellegrini, existé même au moyen âge en Méditerranée, surtout en Sicile mais il a disparu pendant de nombreux siècles (cf. Pellegrini I 156-57). Il est revenu, surtout en France, avec les voyageurs du XIXème siècle.

71 Ce terme existe sous la transcription de *aljama* dans des textes latins de la Sicile du moyen âge ; Catania (1393-1395-1399), Palerme (1420), Agrigente (1492), Mazara (1495). Ce terme est diffus au XIV-XVème siècles en Sicile, au moment où il y a eu une présence intense de juifs, c'est-à-dire au moment où le terme signifiait justement 'communauté hébraïque' et 'synagogue' qu'on retrouve également dans les langues ibériennes d'où ce terme provient. On le retrouve aussi dans les dialectes arabes de l'Afrique du Nord, " Hispanis est Synagoga Judaeorum, Concilio, coitio, etc... Lusitanis *Aliama* est locus in quo degebant Mahometani " (Du Cange I, 177).

72 Ce terme est attesté très tôt dans les différentes langues romanes avec une préférence pour l'acception en italien, par exemple, '*dogana, dazio doganale*' due, certes, au commerce: cf. (LATM) *doana, duana, doghana* 'aedes in qui-

bus fiscales redditus, vectigalia, portoria et caetera id genus tributa pro mercibus inferuntur' (Du Cange III 152).

(ITAL) *dogana* (1er doc 1200) à l'origine 'fondaco' de l'ar. *fundok* et puis 'gabella' de l'ar. *qabala* (Battisti-Alessio II 1372), ancien pisan: *duana* (1er doc a. 1154, Pellegrini I 424), ligurien: *do(g)ana* (1290), (ANVI) *doana* (1207-8, cf. Cortelazzo, *Arab.* 96), (PRVA) *douana* (1200) et (FRAN) *douane.*

73 Rare jusqu'au XIXème siècle. " Le douar ne comptait pas plus de quinze ou vingt tentes " (E. Fromentin). Le mot arabe *dâr* (sing.) 'maison, habitation' d'où (ar-SICU) *dâr yâsîn* (Cusa 205, r. 2) = *daryesin* (ib. 181, r. 20). Le pl. ar. *diyâr* a donné a (SICU) *ddieri* " nella regione iblea... tratti di parete calcarea in cui sono uno o più ordini di grotte (disposte in piani paralleli), rese accessibili da un davanzale o cornicione di roccia. Alcune di queste grotte servono tuttora, o hanno servito ancora nel sec. XIX, come abitazioni umane " (Giuffrida 58). Ce sont là ce que les archéologues tunisiens appellent *haounet* pour signifier certaines entrées de grottes dans les régions de Sedjnane et de Tabarka. Cf. L. Bertholon, *L'année anthropologique nord-africaine 1904-1905* dans *Rev. Tun.* 1905, pp. 352-355 ; G. Camps, *Aux origines de la Berbérie. Monuments et sites funéraires protohistoriques,* Paris, AMG, 1961 ; F. Bonniard, *Les chambres sépulcrales creusées dans le roc et leur répartition géographique dans la Tunisie du Nord,* dans *Bull. Archéol.* 1929.

74 Altération du (PERS) *saqîrlat.* Le terme est lié au commerce des étoffes ; donc d'usage international (Lokotsch 1794). (ITAL) *scarlatto*, (ancien ITAL) *scarlato, -a* (1332), *-ino* (1200) ; (LATM) *scarlatum, -a, squalata* 'coccus, vel coccinus, vel pannus coccineus', *scarletum,* etc. (Du Cange VII 340), *scarlata, -let-, -lacc-, -um, -us* (Niermeyer 944) ; (FRAN) *écarlate* 'étoffe d'un rouge vif' ; (FRAA) *escarlate* 'étoffe précieuse dont la couleur peut varier' (1100-1500) ; (PRVA) *escarlata* (Wartburg XIX 149-50) ; (ESPA) *escarlata* (de l'arabo-espagnol *ighkirlâta*).

75 C'est à travers seulement la voie savante que ce terme est arrivé au (PRVA) *escac*, en (ITAL) *scacco* (Lokotsch 1762), au (LATM) *scacci, scaci, scachi* (Petrus Damian., XIème siècle, Du Cange VII 232, etc.). Nous ne savons cependant pas pourquoi le *h* arabe a changé en *k* roman.

76 Sont dérivés directement de l'arabe *amîr:* (ESPA) *alamiro* (964), (ancien valenz.) *alamir* toponyme (1168, Steiger *contrib.* 339) ; (ESPA) *mir* (1300), *amir, alamir* (1295-1317).

Probablement arrivés par voie commerciale: (ancien lig.) *(a)miru* (1101, Pellegrini I 359), (ancien pisan) *emiro* (1173), (FRAN) *émir* > espagnol *emir,* (CATL) *emir,* (ITAL) *émiro.*

77 Il y a d'autres (LATM) *spinargium, spinarium* (Du Cange VII 555). Le (FRAA) *espinoche* dérive de l'(arPERS) *äspänâh* à travers l'arabe déjà nommé.

78 C'était déjà le titre d'un tableau de Delacroix.

79 (FRAM) *falouque* (1606) ; (FRAN) *felouque* ; (ITAL) *feluca* (ancien ital. *felluca, filuca, filucca, filuga* ; Pellegrini, *Voci* 152).

Voici encore quelques opinions diffuses concernant les origines et surtout de quel terme arabe sont-elles issues toutes ces voix que nous retrouvons dans les langues romanes. On a pensé à ar. *harrâqa* au début 'barque de dessus laquelle on pouvait lancer le naphte sur les vaisseaux ennemis', puis 'une barque ou petit vaisseau, une espèce de galère, qui s'employait également sur la mer et sur les fleuves' (Dozy, 264-66 ; Lokotsch 831) ; mais encore à ar. *fulk*, très critiqué parce qu'il n'est pas attesté au Moyen âge (Dozy-Eng. 1c) comme d'ailleurs, pour des raisons morphologiques, son pluriel *falûk* (Dozy II 281) et à ar. *falûwa* 'pequeña nave de carga' (Wartburg, 1c).

80 Directement de l'arabe (ESPA) *alhóndiga* (1033), (CATL) *alfondec, alfòndic* (1176), *fondec* (1285), (PORT) *alfândega* (1249). Viennent d'un trafic commercial en Méditerranée (PRVA) *fondech, fondegue* (1200), (FRAA) *fondique,* (ITAL) *fóndaco, fondacaggio,* etc.

81 Cet emprunt est parti sans doute de la Sicile (cf. Lokotsch 974): (SICU) *gabella* où l'on retrouve très tôt dans des documents le changement du *-ala* en *-ella* (peut-être de *-ela* avec *imâla*, sous l'influence du suffixe roman *-ella*, cf. Pellegrini II 426-27). C'est donc à travers l'Italie (à Gênes, par exemple, en 1190, cf. Pellegrini I 348, 383 ; à Pise en 1286, *ib.* II 426) et la France [(PRVA) *gabela* (1100), (FRAA) *gabelle* en 1267, Wartburg, 74-75] que ce terme arrive dans la péninsule ibérique où il existe encore sous les deux formes (ESPA) et (PORT) *alcavala* (1111) (Machado I 144) et *gabela.*

82 Ce terme appartenait à la pharmacopée médiévale. Il était très connu en Europe. Et sous une très grande variété de formes. En voilà un exemple: (FRAA) *galingal* à côté de *galanga* ; ils remontent tous deux à l'arabe *halandjan* ; la prononciation vélaire de *-ndj-* dans les formes européennes serait l'indice d'une articulation non palatale qui est propre de l'ancien arabe et des dialectes arabes anciens (Steiger in Wartburg XIX 61-63).

83 Tous les termes (ITAL) *ginnetto* [(ITAA) *giannetto, gianetto,* etc. (1400) ; Battisti-Alessio III, 1810, Battisti VI 785], (FRAN) *genet* (Wartburg XIX 267), (PORT) *genete* (Machado I 1100-1), (CATL) *genet* (ancien catalan *ginet*) auxquels on peut ajouter les termes du grec moderne et du sarde dérivent de l'ar. (vulgaire) *zenêtî*, ar. *zana:ta* (sing. *zana:ti*) tribu berbère très renommée pour ses chevaux et ses gestes. La forme féminine de l'ancien (SICU) *jannecta* a été originairement un adjectif utilisé dans les expressions comme (ESPA) *cabalgar a la gineta.*

NB. *hadjar az-zanâtî* que cite Pellegrini (I 199 avec bibliographie) sous *petram de Zineth* (1093) indique à la fois que ce peuple a laissé tant de traces de sa présence en Sicile et de son habileté de connaître les chevaux, peut-être était-elle cette dernière passée comme proverbiale (De Simone 46) qu'elle dit aussi le *monument* (*hadjar*: les pierres) que rien ne déplace.

84 Rare jusqu'à (1700).

85 Autre hypothèse: *qatrân* est parvenu probablement du moyen Orient en Italie (ITAL) *catrame,* (SICU) *catarana, catrami* (Pellegrini I 143 ; cf. maltais *qatran*, Busuttil 247) et de là l'ample diffusion et probablement par échanges

commerciaux jusqu'au (PORT) *alcatrão*. A remarquer cependant que l'(ESPA) *alquitrán*, (CATL) *quitrà*, (CATA) *alquitrâ* qui représente les reflets d'une variante ar. *qitrân* (Corominas... I 168) est passé dans le galloroman (Wartrburg XIX 90-91).

86 Voir Rabelais qui désigne ce terme par 'criblage' et le verbe *grabeler*: 'passer au crible' vient de l'arabe à travers le (CATL) *garbell* (F 1300).

87 Les voix (ITAL ancien) *garbello, garbellare, gherbello* ; (VENA) *garbelar* (1500) ; (ESPA dialectal) *garbillo* ; (CATL) *garbell* (F 1300) ; (FRAN) *garbeau* et *grabeler* ; (SICU) *garbiddada* et très probablement *gárbula* remontent toutes sans doute à l'ar. (vulgaire) *garbâl* (Battisti-Alessio III 1763 ; Pellegrini I 113, 164) ; cf. aussi le maltais *garbièl* (Barbera IV 1211) et ar. (classique) *girbal* qui provient assurément du latin *cribellum* (Corominas... I 675).

88 Avec (ESPA) *alfaje* (Grenade) *alhache* (Steiger, *Contr.* 195), l'ar. *hâdj* (ha:djdj) arrive au (FRAA) *anfage* 'sarrasin' suivi par (FRAN) *agis, hadji* 'celui qui fait le pèlerinage à la Mecque' (Wartburg XIX 61) ; ce dernier y arrive par l'intermédiaire du (TURC) *haci* 'id.' (Angelico da Smirne 366) et entre ainsi dans les langues balcaniques (Lokotsch 777).

89 (ESPA) *azar* ; (PORT) *id.* (1400 ; Machado I 288) ; (CATL) *atzar* (1683 ; Corominas... I 488-89) ; (PRVA) *azar* (1200-1300) ; (FRAA) *hasart* (1115) ; (LATM) *azardum* (1200 ; Niermeyer 75) ; (FRAN) *hasard* (Wartburg XIX 203-05) ; (ITAA) *zaro* [1300 ; Battisti-Alessio Ic ; (LATM) *azarum* 1288 à Bologna, Du Cange I 504, voir aussi *azardum*] ; roumain *zar* (Lokotsch 2186).

NB. ar.: *az-zahra* ou *zahra(h)* en sicilien donne *zàgara, zààra* 'fiore d'arancio e spesso di altra pianta' (Traina 1112 ; *zàgara, Voci* 489) ; plante *zàghira, zàgara* (Pellegrini I 281).

90 Voir aussi 'coton' dont ce terme dérive. L'accent différent de la voix sicilienne (SICU) *cuttini* [même *cuttunu* à Alimena, cf. (LATM) *cuttonus* (1282) à Gênes, Du Cange II, 599] par rapport au terme arabe (ou sa racine) fait penser à l'arabe-espagnol *qutún*, cf. in Pedro de Alcalá *cotón*, (MAGH) *qtún* d'où l'(ESPL) *algodón*, (CATL) et ancien aragonais *alcotón*, (PORT) *algodão* (Steiger, *Contrib.* 151). Cela fait supposer que l'introduction de la plante en Sicile de la part des arabes vient de l'Andalousie - l'hypothèse est toutefois contestée par le fonds arabe (Amari, *Storia dei Musulmani di Sicilia*, 1933-39, II, 512) lequel assure que le coton a été porté de la Sicile en Espagne. Faut-il peut-être à ce point regarder à la variante *qutúnn* (*poet.*, Freytag III 469 b, Kazim II 774b) - où elle existait bel et bien au Xème siècle, cf. (ESPA) *algotón* (950), (Steiger, cit., 211) ancien (CATL) *alchothonus* (957), (Bassols de Climent..., 79).

Que le produit provienne de la Sicile ou de l'Andalousie outre que du Levant, le terme commença assez tôt son cours de diffusion internationale (Lokotsch 1272), cf. en ancien ligure: *saccus de cotone* (1156 - Pellegrini I 350), (FRAA) *coton* (1100) et *auqueton* 'étoffe de coton' (1100-1300), (cf. Wartburg XIX 101-102) etc. Naturellement avec l'interchange de produits premiers (ou bruts) et des produits finis, les rapports lexicaux deviennent de plus en plus complexes ; ainsi en Catalogne à l'ancien *alcotón* succède *cotò*, dû probablement à l'influence de la Sicile dont on recevait l'ouate (Wartburg 1c et note 11) et le (PORT) qui accueille par influence du français *cotão* (1er doc. 1500, Machado I 690) à côté de l'ancien *algodão* (1er doc. *algodõn* 1200, 1b 159).

91 A noter tout simplement que de l'expansion sémantique du terme arabe l'on a ar. *muhárran* ou (ar.ESPL) *mahrám* qui ont donné par déplacement d'accent et de *-m* > *-n*, plutôt insolite dans les arabismes espagnols, la dérivation du terme (FRAM) et (FRAN) *marran*.

92 Il apparait quand même incertain dès lors que le (PRVA) *jarra* (1er doc. 1300) et le (FRAM) *jarre* (1er doc. 1449 Wartburg XIX 55-56) puissent parvenir de l'Italie ou de la Péninsule Ibérique. Quant à (ESPL) et à l'ancien (CATL) *jarra* (1er doc. 1200, Corominas... II 1041, III 498), le (PORT) *jarra* (1er doc. 1370, Machado II 1258) qui proviennent, selon une première hypothèse, de l'Italie (Wartburg ; Machado ll. cc.), on oppose une seconde hypothèse que c'est bien la voix italienne elle-même qui provient de l'Espagne (Corominas... ll. cc.).

93 Ce terme a eu une grande fortune dans les langues romanes et en Méditerranée, avec des adaptations sémantiques selon les modes et les localités: (FRAM) *jube, chope, choppe* (1300) ; (PRVL) *jupe, jupa* (1100), *jupet* (1360), (FRAM) *gippon* (1372-80), *jupon* (1372-1610), (PRVL) *id.* (1300-1400), (FRAN) *jupon* (Wartburg XIX 57-59), (ESPA) *aljuba* (1er doc. *aljupa* 943), *juba* ; (ESPL) *jubón*, Aragonais: *jupón* (1400) et *gipón* (1402), (CATL) *jupó* et *gipó,* (PORT) *gibão* et *jubão*, ancien (PORT) *aljuba* (Machado II 1266). L'arabisme qui subsiste dans le Calabrais: *jippune, juppune,* etc. et dans (ITAL) *giubba* (1er doc. 1255-1313, Battisti VI 656-57) est attesté aussi à une époque bien ancienne: cf. a. 1101 *juppa serico* (*Codice Diplomatico Barese,* 1897 ss., V 58), a. 1053 *juppa* (De Bartholomaeis, I 346), a. 1245 *iuppam meam rubeam de candato* (*Codice Brindisino,* 1940-64 I 105), etc.

Quelques reflets de *jubba* ou d'une variante *jibba* se retrouvent dans la péninsule balcanique et dans d'autres zones non romanes (Lokotsch 737, Pellegrini I 37).

NB:. Si on est sûr de l'emprunt en français par l'intermédiaire de l'(ESPA) et du (PORT) avec *al-* agglutiné et probablement avec un rayonnement galloroman de *jupon* et de *jupet*, on ne l'est cependant pas quand on pense à la (ou les) voix qu'a suivi le terme *giubba* dans sa diffusion et auquel le traffic commercial ait pu lui donner une contribution décisive.

94 " Le terme qui dérive de l'ar. *ka:fir* 'infedele, miscredente' est employé aujourd'hui comme nom patronymique *Càf(f)aro, -i, Caf(f)arello, -i*, en Sicile et en Italie du Sud " (Pellegrini I 37). Il doit son introduction à l'élément byzantin. Le nom patronymique *Càffaro* " è anche ligure " (Pellegrini I 229-30). Pour d'autres pays avec cet appellatif, voir Lokotsch 997.

95 Voir *alcali.*

96 Voir *alkermès*.

97 Différents par la signification et l'aspect phonétique (et cela non pas seulement pour *al-* agglutiné) les reflets ibériens du vocable arabe : (ESPA) *alcoba* 'aposento adyacente a una sala y destinado a dormitorio' (1er doc. 1272-84, 'cuarto donde se pesa' 1202, Corominas.. I 101, 135) (PORT) *alcova* (1er doc. 1600, Machado I 146), (CATA) *id.*. etc. Voir à ce point *alcôve*. Mais le terme subsiste tel quel en Sicile et en Italie méridionale: (SICU) *cubba* (Pasqualino I 359) ; il correspond dans ces régions aux toponymes: *Cuba* 55B1, la *Cuba* 50E3, *Cuba* (Vallée) 49D5, 50E6, (Rairin et Larc) 56F4, (Tour) 56E5, *Cubba* 56A2 (où coule le fleuve Alcantara, en contrée S. Anastasia, on appelle *Cube* les absides en ruines des églises byzantines du VII-VIIIème siècles - *Guida d'Italia* del Touring Club Italiano, *Sicilia,* Milano, 1953, 502).

98 Le terme arabe *qasr* qui a donné aussi en (SICU) *càssaru, càssiru, cássaru, cássiru, carsu, cassu,* provient à son tour du latin < lat. *castrum* (Pellegrini I 256) tout comme *al-qasr.* Voir plus haut *alcazar* et note relative.

NB. A Palerme *cassarum* indique un quartier entier au Moyen âge et plus tard l'artère principale de ce quartier que les documents du temps désignaient en arabe par *simat al-balât* (dont nous avons le correspondant à Tunis *souk al-balât*) ou en latin *Via* ou *Ruga Marmorea.*

99 Le (SICU) *libìci* indique un 'vent qui tire entre l'auster et le zéphir' ('affrico, libeccio', Pasqualino III 29) ; (FRAA) *lebech*, (PRVA) *labech* (1er doc. fin 1200, Wartburg XIX 104), (CATL) *llebeig* etc. l'(ITAL) *libeccio* (1er doc. Bono Giamboni, in Battisti-Alessio III, 2220) etc… partent de la théorie de Rohlfs que le terme passe par l'intermédiaire du grec pour indiquer le 'libico', le lybique, le 'sud-occidental'.

100 Ce terme remonte d'une part par le (FRAA) *lomie* 'fruit du citrus limonum' (Wartburg XIX 198-99) et l'(ITAA) *lumia, lomia, limia* (Battisti IX 275) à l'ar. *lîm(a)* 'sorta di cedro dolce' (Pellegrini I 192) avec suffixe byzantin *-ía* propre aux plantes (cf. Rohlfs II 182, *Gramm.* § 265) et avec le passage *i* > *u* dû à la labiale successive ; d'autre part, la forme arabe n'ayant été empruntée que plus tard, ce terme s'en trouve mieux conservé en (ITAL) *lima* et *limetta* ; (NAPO) et (LIGU) *limma* (Battisti-Alessio 2231) ; (FRAN) *lime* ; (PROV) *limo* (Wartburg l. c.), etc.

101 Les voix (ITAL) *limone* et (FRAN) *limon* (v. Lokotsch 1322) etc. diffèrent au sein des langues romanes du (SICU) *limuni* (Pasqualino III 60, Traina 545), du (NAPO) *lumione* (D'Ascoli 309) qui dérivent directement de l'arabe *laymûn, Li:mu:n*, qui provient à son tour du (PERS) *Li:mu:n* (Pellegrini I 192). Elles sont attestées par la thèse que la plante ait été importée par les Croisades (cf. Wartburg XIX 108a).

102 Ce terme a remplacé *boutique* en 1800. Voir plus loin *makhzen* ou *maghzen* et note relative.

103 A rappeler que le terme *Maghreb* qui a donné l'adjectif ou le substantif *maghrébin*, etc. est de 1842 ; nom arabe qui indique l'Afrique du Nord et proprement 'le couchant'. Voir notre travail " Maghreb " ou l'Occident des

signes ; parcours d'exil, dérives poétiques" in *Africa-America-Asia-Australia n. 14*, Roma, Bulzoni, 1995, pp. 57-74.

104 Les formes ibériennoromanes (ESPA) *almacén* (1er doc. 1225, Corominas... I 138-39), (PORT) *armazem* (1er doc. 1279, Machado I 247), (CATA) *almatzem* (Wartburg XIX 114-15) sont certainement des emprunts de l'arabo-espagnol (ar.ESPA) *mahzen* (ainsi Pedro de Alcalà, Steiger, *Contrib.* 233), ar. *makhzan* (*máhzan*). Le doute arrive avec l'(ITAL) *magazzino* (1er doc. G. Villani, Battisti IX 425) > (FRAN) *magasin* (1er doc. F 1300, Wartburg l. c.) remonte à *makhazin* (*maházin*, pl. *mahzan*) (Battisti-Alessio III 2311, Wartburg l. c.) ou à une des formes algériennes *magzan* (Steiger *Aufm.* 46) ; on ne sait pas à quand remonte-t-elle, d'où le module avec *-g-* aurait été répandu en France, en Toscane et en Italie septentrionale et méridionale! Pour la Sicile, par contre, (SICU) *magasenu* où la pénétration de cet arabisme est due aux échanges commerciaux entre cette région et la Tunisie avec l'Algérie (cf. Wartburg XIX 115a) ; les variantes médiévales dans cette région avec *-h-*, *-ch-* (*chasena* du verbe ar. *hazana* et *chasenus*, etc.) postulent à l'origine *mahzan* (*makhzen*), sans doute par emprunt direct.

105 Ce terme est un participe passé de ar.EGYP *malak* (posséder). Il désigne ainsi un esclave blanc.

NB. le terme arabe *malek* (roi) était connu aussi sous la forme sémantique de *Moloch*.

106 Il désigne par extension: celui qui vit en *ermite*. On rencontre le même arabisme dans le sicilien du Moyen âge et dans la Péninsule Ibérique sous le terme ou le nom patronymique *morabito* (1e doc. 1600, Corominas... III 429 et IV 135), (CATL) *morabit* (Alcover-Moll VII 564), dans le (PORT) également sous *Morabito*. Voir aussi notre travail " Il Marabuttismo in Tunisia ", Padova, *Quaderni di scienze antropologiche* 4, 1980, pp. 164-196.

107 Il s'agit d'une monnaie frappée sous la dynastie des Almoravides (*al-Mora:biti:n*). Voir *Marabout*.

108 L'(ITAL) *marrano* 'titolo ingiurioso per indicare i giudei e i mori convertiti' (Battisti-Alessio) et même l'ancien (ITAL) *marano, marranno* (1er doc. L. Pulci et Savonarola, Battisti IX 830) comme le (FRAM) et (FRAN) *maran* 'id.' (1er doc. 1400, Wartburg XIX 113-14), l'(ESPL) *marrano* 'credo', 'cristiano nuevo' (1er doc. 965), d'où le (CATA) et le (PORT) *id.* (Corominas... III 272-75) à côté d'un autre terme (PORT) *marrão* 'porco pequeno' (1er doc. 1264, Machado II 1439) viennent tous du substantif ar. *máhram* 'chose prohibée' (Corominas..., Wartburg ll. cc.) plutôt que du participe *muhárram* 'prohibé' (Battisti-Alessio l. c.) ou d'un (ar-ESPA) *mahrám*, avec glissement de l'accent usuel dans cette forme et avec le déplacement du *-m* > *-n* même si cela est rare dans les arabismes espagnols.

109 On préfère le terme ar. *martaba:n* 'vase de porcelaine dans lequel on serre des médicaments, des confitures, des épices ou de l'encre' (Dozy II 582b) en y ajoutant la conjoncture d'une provenance de la même voix arabe de *Martaban*, nom d'une ville de la Birmanie dont on importait au Moyen âge

une célèbre laque.

De l'ar. *mauthaba:n* originairement le nom d'une monnaie et puis d'une mesure d'une capacité et enfin d'un récipient où l'on conserve le gateau d'où (FRAM) *massepain, marsepain* (1449) ; (ESPA) *mazpán* ; (PORT) *massapão* ; (allemand) *Marzipan* (1500) ; (LATM) *marsapanum, -us ; manzapanettum.*

110 Dans la locution *châh mat*, francisée en *échec et mat // mater* (F 1000) vaincre, dompter.

111 Provenant du verbe espagnol *matar*, tuer pour justifier le 'tueur des Maures', faux brave, vantard.

112 Ce terme arrive en Europe, en Occident généralement avec les croisades (Wartburg XIX 123-24) et (Lokotsch 1446) et grâce à la contribution du galloroman ; nous avons les dérivés (FRAA) *materas,* (FRAN) *matelas,* (PRVA) *matalas* (1300), alors que dans l'ibérienoman, à côté des formes de la même veine, prévalent celles que l'on a de l'emprunt de l'ar.ESPA *matráh*, avec (ESPA) *almadraque* (1er doc. *almatraque* 1250 environ), (CATA) *almatrac* (1er doc. *almatratz* 1086, Corominas... I 141, *id.* I 182), *almatrac* 1084 ; (PORT) *almadraque* [< (CATL)? ; 1er doc. 1359, Machado I 165].

113 (FRAA) *materas* (F 1200), var. *mattras* (1400) ; (LATM) *mattara* > *matara* (mot gaulois aussi).

114 C'est un arabisme commun à toutes les langues romanes occidentales (Lokotsch, 1470) ; il s'agit probablement ici d'un emprunt indirect.

115 C'est le nom du premier mois du calendrier musulman.

116 *Meschita* est dans la traduction d'un document arabe de Tunis de l'an 1200 (cf. *I Diplomi arabi del R. Archivio fiorentino*, Testo originale con la traduzione letterale e illustrazioni di M. Amari, Firenze, 1863, p. 277). Mais ce terme a été déjà utilisé bien avant cette date, par Guglielmo di Puglia: 'Glorificausque Deum templi destruxit iniqui/ Omnes structuras, et qua *muscheta* solebat/ Esse prius, matris fabricavit Virginis aulam ;/ et quae Machamati fuerat cum daemone sedes,/ Sedes facta Dei, fit dignis ianua coeli' (III 332-36).

Ce texte rappelle le retour au culte chrétien de la Basilica della Vergine, érigée par la suite à Cathédrale de Palerme (en l'an 1170) et qui, en l'an 831, était déjà une mosquée.

117 Voir plus loin *nacre.*

118 || *nacré* (M 1600).

Sur l'origine (ITAL) *nàcchera* (1er doc. 1300), *nàccaro* (1300) 'strumento saraceno, formato da due pezzi concavi, che si suona percuotendovi le dita, castagnole' (Battisti-Alessio IV 2541) ; (FRAA) et (FRAM) *nacaire* 'timbale, sorte de tambour militaire' (1er doc. 1200 ; Wartburg XIX 137-38) ; (ESPA) *nácara* 'timbal usado en la antigua caballería' (Real Academia Española, 908) etc. (v. Lokotsch 1546) ; c'est à l'ar. *naqqâra* 'timbale' (Dozy II 710b) qu'une opinion commune concernant la plupart des emprunts a été retenue. D'autre part, pour la même voix ou les formes apparentées à 'madreperla' dont les attestations semblent remonter au (LATM) *naqueru-* (1293) (dans un document de Lerida: " cupam unam de naquero ornatam et cohopertlatam de fino auro... ", *Acta Siculo-Aragonensia II. Corrispondenza tra Federico II di Sicilia e Giacomo II d'Aragona*, a c. di F. Giunta e A. Giuffrida, Palermo, 1972, I 100) et *nacura* (1295) (*Invent. Ms. Thes. Sedis Apost.*, Du Cange V 566), l'ancienne hypothèse de dérivation qui fait remonter au curde *nakara* signifiant 'ongle' n'est point crédible (cf. Corominas... III, IV, 488-89, 200-201) et ne satisfait guère la thèse dominante, laquelle, partant du même terme ar. *naqqâra* (ou, dans le cas de (ESPA) *nácar*, de l'ar. *nâqûr*, vulgaire *náqor*), explique mieux la différente acception de la ressemblance avec la coquille et l'instrument musical, qui a aussi la forme de 'caracola, cuerna, instrumento de viento' (cf. Prati 681 ; Corominas... ll. cc.).

119 Ce terme, d'usage international, n'est autre que l'abréviation de l'arabe: *nazi:r as-samt* 'opposé au zénith' (Lokotsch 1565 ; Pellegrini I 225).

120 L'(ITAL) *acqua nanfa* ou *lanfa* (cf. Boccaccio in Battisti-Alessio, IV 2544), (ESPA) *aguanafa* (1er doc. in invent. Arag. *augua naffra*, 1469, Corominas... I 59), (CATA) *nafa* (AlcM VII 690), (FRAM) et (FRAA) *eau naffe* (1505), (PROV) *aigo nafro* (Wartburg XIX 136) dérivent tous de l'ar. (*mâ'*) *nafha* '(eau de) odeur' (Lokotsch 1535 ; Pellegrini I 193-94). Pour ce qui est de l'épenthèse de *n* d'abord le (SICU) qui a donné l'(ITAL) etc., il faut noter que nous sommes dans un environnement grec (cf. Rohlfs, *Gramm.* 77 et Caracausi, *Op. cit.*, pp. 78-79 note 129).

121 *Nâ'hûrah* ou *na'ura* 'mola aquaria, quae aquae cursu, iumentis, vel vento mota, aquam haurit sursumque effert e flumine vel puter' (Freytag IV 302a), '*noria*, roue à irrigations' (Kazim. II 1293b), *nâ'hûrah* et *na'hûrah* 'roue hydraulique', aujourd'hui au Maroc 'une tour à dévider, un grand dévidoir' (Dozy II 689-90) *na'hûrah* 'tornum' (*Vocab.* 206a, 612) ; le changement de signification ne présente aucune difficulté à la parfaite correspondance du terme qui a porté *sâniya* à 'jardin irrigué' (cf. G.S. Colin, *La noria marocaine*, in " Hespéris " XIV, 1932, 22-60, précis. 31).

A l'ar. *nâ'hûrah* (*na:'hura* aussi) remontent sans aucun doute le (SICU) *noria* 'macchina agraria costituita da una fila di secchi di zinco, che girando attorno un asse, mediante movimento a cavallo, tirano l'acqua dai pozzi' (De Gregorio, *Gloss.* 243 ; la voix manque dans les lexiques), le Calabrais ; le Pisan *nòria* 'id.' (Prati 692) ; le ligu. *nòia* 'marzacavallo' (Pellegrini I 344) ; l'(ITAL) *nòria* (1er doc. 1875, Battisti-Alessio IV 2600) ; le (FRAN) *noria* (Wartburg XIX 140) ; le (CATL) *noria* ; l'(ESPL) *id.*, avec *-ia* final par influence de *acenia* 'senia' (jardin potager, vaste domaine d'arbres fruitiers) ; le (PORT) *nora* (1er doc. 1500, Machado II 1592) ; (CATA) *nora* ; le (CATL) dialectal: *nafóra* 'roda idraulica moguda per l'aigua del riu' (Alcover-Moll, VII 783).

122 Il signifiait à la fin du XIXème siècle 'à tour de rôle' ; 1) musique militaire des régiments des tirailleurs algériens (ou d'Afrique du Nord) comportant des instruments indigènes (fifres, tambourins) ; 2) *fig.* et *pop.* (1897) *faire la nouba* ; 3) aujourd'hui ce terme indique un genre populaire de musique tradi-

tionnelle d'origine andalouse.

123 *Pume orenge*, calque de (ITAA) *melarancia* [ou *arancia dolce* ou *portogallo*] ; avec *o* par influence du nom de la ville d'Orange, par où ces fruits parvenaient vers le Nord // *orangeade* (1642) de l'(ITAL) *aranciata.*

124 Désigne l'empire turc (de 1299 à 1918).

125 (1566) 'Navire léger, pour la douane', (1762) *Acad.*, sens moderne ; (1900), *pop.* 'train de marchandises'. L'ar. *bata:ch* ou *batâa* indique un 'bateau à deux mâts', alors que le terme ar. (vulgaire, de Tunisie surtout) *batta:h* 'bateau de transport d'une rive à l'autre d'un bras de mer ou d'un fleuve' connu désormais sous le nom de 'ferry-boat'.

126 Il y a en arabe deux termes: 1. *qintâr* (*qinta:r*) et sa variante ; 2. (*qanta:r*) qantâr.

La variante *qantâr* est arrivée par voie commerciale dans les langues romanes [sauf en sicilien, peut-être directement *cantaru* 'peso di 250 libre: cantaro' (Pasqualino I 248)]: '*cantaro*, antica misura di peso variabile dagli 80 ai 100 Kg. ; è suddivisa in 100/120 libre o *ratl*' (Pellegrini I 145) ; terme commun à tout le sud italien (Calabre, Pouilles etc.) ; il existe en (ITAA) *cantaro, cantare* (Battisti II 651 ; cf. (LATM) *id.* 1269, Du Cange II 162), en (LATM) *cantarus, -um, -ium* (1200, Niermeyer 128 ; *-ius* à Gênes, 1140, Pellegrini I 354 ; *-ium* à Venise 1229, Battisti-Alessio l. c.), en (FRAA) *cantaire* (ib.), en Sardaigne *kantáre, -i* (Wagner I 287).

La variante *qantâr* existe aussi en Maltais *qantár* 'quintale, cantaro' (Barbera III 886) et en (TURC) *kantar* 'stadera', anciennement 'peso di 44 okka' (Angelico da Smirne 418) ; de cette dernière, nous avons le roumain *cîntar* 'stadera' (Lokotsch 1178) et, peut-être avec une influence italienne (Andriotis 144).

Le terme *qintâr* a donné, quant à lui, en (ESPL) *quintal,* (PORT) *id.*, (CATL) *quintar* (1249 *quintal*, Corominas… III/IV 959 et 732-33) d'où (PRVA) *quintal*, (FRAA) *quintar* (1200-1300), (FRAN) *quintal* (Wartburg XIX 94), (ITAL) *quintale* (1er doc. 1529, *quintalata* 1500-1600, Battisti-Alessio IV 3182).

127 La documentation médiévale concernant surtout l'espace sicilien nous donne par la voix de Vinci (in Pasqualino l. c.) ce qui suit: " *Rabba* (pour le terme *rahba*), in Regni pragmaticis sunt duae sanctiones pro *rabba* frumenti: vox erit ab herb. *rabbah multiplicavit*, quod sit instituta haec *rabba* pro peculio pauperum, ut multiplicatur, seu ut vulgo dicimus *per fari colonna*, vel ab alia rad. *rabac impinguavit*, ac si deceremus l'officiu *di la grascia*, ut universitas abundet pane ; hinc rabbacotu, qui rabbae preest " (Egidi 413) ; on peut ajouter, de Lucerna en 1278, " cum iure… *rabe* ubi venduntur victualia " (ib. 416), en 1284 *rabba* (ib. 423) qui donne une confirmation pleine du mot ar. *rahba* (*rahbah*) 'amplum patium loci', 'aire ample' (Freytag II 131a), 'lieu public entouré de bâtiments', 'marché', *rahbat az-zur*: 'marché aux grains' (Dozy I 516), *rahbat al-Ghanem* 'marché aux moutons' ; 'place des moutons - aujourd'hui à Tunis, que nomme Flaubert dans *Salammbô* ; *rahbah* 'espace, large, vaste', 'aire, cour, place' (Kazim. I 835b), *rahba, rahaba* 'wide area,

wide space', 'large square, courtyard, inner court' (Wehr 382b), étymologie proposée par Pellegrini (I 151-52, 269, 321) - le genre masculin du génétif *Rabbici* (1312) ne reste pas isolé: cf. *contrata di lo rayhahoi* à Agrigente (not. Capizzi 17 novembre 1425) - à préférer à d'autres (v. Trapani 459). De la même documentation apparaissent si facilement explicables par le moyen d'une métathèse *rah(a)ba* > *rab(.)ha*, les formes *rab(b)ica* et *rabbaca*, variantes de *rabba* (< rahba) et *rabbacotu* 'qui rabbae pracest', 'commissario di grano, curator rei frumentariae' (Pasqualino l. c.) variante de *rabiotu*.

La distribution de l'arabisme avec (ITAL) *rab(b)a* 'magazzino pubblico per biade', voix des aires de genov., emil., ven. (Battisti-Alessio IV 3188), anc. pis. *reba* (1300) et *rieva* (1321 Battisti-Alessio V 3216), genov. *gabella della ràyba* ou *Piazza Raibetta* 'un antico mercato di legumi (ib. 269, 321), (ANVI) *rayba* 'mercato del grano' (1363, Somicola-Vàrvaro 1), *raiba* 'forum frumentarium' (Saône 1526, Du Cange VII 8), exclue que la Sicile soit l'unique centre de diffusion.

128 Voir *roumi*.

129 Ce terme existait déjà au Moyen âge en Méditerranée. Il existe encore aujourd'hui pour désigner le 'chef des pêcheurs' en Sicile et en Afrique du Nord. Il désigne contemporainement un chef politique, un leader, un président, etc.

Le (SICU) *raisi* 'capo de' pescatori e marinai' (Pasqualino IV 220), 'capo di pescatori, padrone di barca, direttore della tonnara' (Traina 798), avec le tautologique *capurràis*, *capurràisi* 'scafo che sostiene la camera della morte nelle tonnare e dal quale si ferisce il tonno', 'capoccia', 'chi dirige una tonnara, padrone di barca, capo di pescatori' (Pellegrini I 151-52), dérivent de *râ'is* 'capo, capitano, comandante' (Pellegrini I 135-36) ou de *ra'is* 'patron de la barque', 'capitaine de vaisseau' (Kazim. I 794), voir maltais *rajjes* 'capo, capitano, condottiero, comandante, presidente, principale' (Barbieri III 925, Busuttil 255).

De l'ibérieno-roman proviennent (FRAA) *réis, raïs (*Lokotsch 1691) et très probablement le sard. (campid.) *arráis* 'capo della ciurma della tonnara' (Somicola-Vàrvaro l. c.) plutôt que du sicilien (Wagner I 116). Des emprunts directs, nous avons l'(ESPA) *arraez* (1er doc. 1293, Corominas... I 275 et I 346), (PORT) *arrais* (1er doc. 1298, Machado I 250-51), (CATL) *arraix* 'patró de barca o nau' (1er doc. *arrais* 'cap d'una població de moros' 1200, 'patró d'embarcació' 1468, Corominas... I 405), (CATA) *rais* 'capitá o governador sarrai' (*raiç de las barques* 1315, Alcover-Moll IX 106).

NB. Des témoignages siciliens des années 1417-1418 (cf. Caracausi Op. cit., 316 et cf. textes de Lugumina I 346 et 348) qui ne désignent pas l'environnement marin, appartiennent au monde juif de Sicile qui provient directement, lui, de la Péninsule Ibérique.

130 On le trouve sous la forme de *ramadan* avec /*n*/ ; il désigne le neuvième mois de l'année islamique, le mois du Jeûne. Il a subi en 1896 une altération, une perte du /*a*/ *Ram/./dam* pour désigner 'tapage', arg. milit. puis pop.

131 Voir note *ramadam*.

132 De l'ar. *rizma* 'vestes in unum colligatae convolutaeque', 'sarcina vestium' (Freytag II 146a), 'ballot', 'paquet', 'ballot de papier' (Dozy-Eng. 333-35, Pellegrini I 132, Sornicola-Varvaro l. c.), nous avons le (SICU) *risima* '*risima* di carta: acetabulum' (Scobar, in Sornicola-Varvaro 66), l'ancien (ITAL) *lìsima* (1300, Battisti-Alessio III 2248), l'(ITAL) *risma* (depuis 1300) et *rìsima* (à partir de 1400, Battisti-Alessio V 3263), le (LATM) *risma* (Asti, 1526, Savona, Du Cange VII 195 ; cf. Pellegrini I 349), le (FRAA) *ries* 'botte, paquet' (1200-1300), le (FRAM) *riesme* (1492), l'ancien (PROV) *reuma, risma* (1450, Wartburg XIX 146-47), l'(ESPA) *resma* (1er doc. *rrezma* 1475 Corominas… III 1098), le (PORT) *id.* (1er doc. 1431, Machado II 1885-86).

Mais de l'ar. *razma* (une variante de *rizma*) dérive le (CATA) *raima* (1er doc. 1287), d'où dérive à son tour le (FRAN) *rame* (Corominas… ll. cc.), c'est-à-dire le français moderne.

L'arabisme en question s'est répandu en Europe depuis le Moyen âge et sans doute par voie commerciale surtout avec l'introduction du papier de la part des Arabes, dès la conquête de la Sicile.

133 Altération d'après *bec* du (FRAA) *rebebe* (1265).

134 Le (SICU) 'quel contrapeso che s'è infilato nell'ago della stadera: romano' (Pasqualino IV 305), 'contrappeso della stadera che scorre lungo l'asta di essa per segnar il peso: romano, sagoma' (Traina 841), l'(ITAL) *romano* (1er doc. Sacchetti, 1227 à Bologna, Battisti-Alessio V 3278), l'ancien lig. *Romana* (1er doc. 1288, Pellegrini I 110), le (PRVA) *roma* 'romaine (balance)' (1360), *romana* (1400-1443), le (FRAM) *romman* 'poids de la romaine' (1339), *rouman, romanne* (1400), *roumane* (1595), le (FRAN) moderne *romaine* (depuis 1450 environ, Wartburg XIX 148), le (CATL) *romana* 'bilancia' (1er doc. 1375) d'où le sard. *(a)romána* 'id.' (Wagner II 362), l'(ESPA) *romana* 'id.' (1er doc. in *invent. arag.* 1397, Corominas… IV 53-55), le (PORT) *romana* 'id.' (1er doc. 1500, Machado II 1907 voir *romano*) proviennent tous de l'ar. *rumma:na*, nonobstant les doutes de Corominas (op. cit., l. c.) qui propose une étymologie autre ou alternative qui remonterait, selon lui, au latin (cf. rômâna 'Art Wage', Meyer-Lubke 7369). Nous avons tenu tout simplement à le mentionner ici.

Il existe également le terme ar. *rumma:na* pour désigner le 'grenadier' ou la 'grenade' (nom de l'unité) et 'pondus straterae, quo librantur alia' (Freytag II 196a ; cf. Gioeni 236-37, Dozy-Eng. 335, Dervic 60, Lokotsch 1729). Le terme *rumma:n* 'grenadier' (forme collective du précédent, Freytag l. c., Prati 840, Pellegrini I 147) sera également attesté comme 'weight of a steelyard', 'Roman balance' en une source arabe du XIIème siècle (Lane III 1161b).

Steiger (" Vox Romanica " XIX, 1960, 221-244 et Wartburg l. c. ; Sornicola-Varvaro, 93) estime, quant à lui, que les désignations du terme arabe sont valables ; il indique une double voie de pénétration de l'emprunt: à partir de l'Italie d'abord, pour les formes masculines, de la Péninsule Ibérique, ensuite, pour les formes féminines.

135 D'abord nom des Turcs (1765): 'pays soumis par Rome', mais qui désigne ensuite au Maghreb les Occidentaux, les Chrétiens. On pense cependant que ce terme existait bien avant l'occupation ottomane, avec l'avènement des Arabes.

136 'Et si forte *sabram* dicti molendini peraptari contingeri ab receptione sen aqua, ipse notarius Restivus ad suas expensas peraptari facere debet semper et si interdum vacaverit peraptationi ipsius *sabrie* [...]' (not. Miceletto 1 maggio) - Trapani, 1445.

Une hypothèse étymologique compatible avec le contexte, pour laquelle le terme assumerait la signification de 'pietra (du moulin), macina' en Sicile (à Trapani, justement) peut-être fondée sur la forme arabe de *sabra* ou *sabrâh*, base présumée du pl. *sibar* 'duri lapides' (Freytag II 477b), 'pierres dures' (Kazim. I 1306a) ; cf. *sabârah* 'lapides', 'frustum lapidis aut ferri' (Freytag II 478a). Mais le terme français que nous reportons ici ne peut remonter qu'à un évènement historique plutôt récent du conflit arabo-israélien et surtout de l'Exodus des juifs vers la Palestine avant 1948.

137 Voir aussi *sacret* (1564), nom donné aussi au *sacre* (variété de faucon) mâle. 'Ayant le glaive au poing, le gerfaut ou le sacre' (Heredia).

138 Où le terme arabe signifie 'voyager'.

139 Le (SICU) *zafrano* 'hic crocum ci' (Valla 88), *zafarana* 'erba: croco' (Pasqualino V 380) et tous ceux de l'Italie du Sud correspondent au bout d'une large diffusion internationale (Lokotsch 2178) avec l'(ITAL) *zafferano* (1er doc. 1300, Battisti-Alessio V 4104), (ITAA) même *zaverano* (ib. 4109), (AGEN) *safrani* généralement (1156, Pellegrini I 118, 351), (APIS) *zaffaranum* (1286, ib. II 434), (ANVI) *zafran* (ib. 588), (FRAN) *safran* (1er doc. 1100), (PRVA) *id.* (1300, Wartburg XIX 202-3), (CATL) *safrà* (1er doc. 1249 ; Alcover-Moll IX 663 ; 1271 Corominas... I 345-46), (ESPA) *azafran* (1er doc. M 1200, Corominas ll. cc.), (PORT) *açafrão* (1er doc. *azafram*, 1253, Machado I 43).

Ce terme qui dérive de l'ar. *za'farân* a donné à travers le (TURC) *safran* (Angelico Da Smirne 695) le grec médiéval (Du Cange I 460), le grec moderne (Andriotis 112) et peut-être toutes les autres formes balcaniques (Lokotsch l. c.). On ne pense guère que cet arabisme soit arrivé en France et en Italie à travers le (CATL) mais plutôt à travers la Sicile où la plante existait déjà depuis l'Antiquité (Amari II 508 ; Wartburg l. c.) et de la Péninsule Ibérique où les Arabes cultivaient cette plante depuis le Xème siècle. Elément distinctif entre les deux provenances peut être la sonore initiale (*z*-), la consonne sourde qui caractérise constamment les formes ibériques.

Il y a un autre terme français archaïque et rare: *safleur* qui est composé, comme l'on voit de *safran* et de *fleur* (Wartburg XIX 197), qui remonte à un autre mot arabe: *'asfur* et qui existait déjà au Moyen âge dans les langues romanes. (ITAL) ancien: *asflore* ; (SICU) *usfaru* 'erba che fa il suo fiore simile allo zafferano, ma di men valore, e più quantità: cartamu' (Pasqualino V 361 ; Traina 1067). Ces deux termes remontent quant à eux à l'ar. *usfur* (autre variante) 'Cnicus herba, quae tingendo inservit, carthamus tinctorum' (Freytag III 168a ; Pellegrini I 195, 279) auquel remontent aussi le (CATL) *alsafor* (1er doc. 1315, Corominas.. I 136) ; (ESPA) *alazor* (1er doc. *Cancionero de Baena*, Corominas... I, 81, 111) ; (PORT) *alaçor* (Machado I 131).

140 Ce terme désigne surtout l'habitant du soi-disant Sahara espagnol. Il existe depuis le conflit qui opposa Maroc et Algérie. Mais les termes *Sahara* et *Sahel* existaient déjà dans les lettres du XIXème siècle. Voir Eugène Fromentin et ses deux textes *Un été dans le Sahara* et *Une année dans le Sahel* (et notre travail: *L'Image du Maghreb dans les lettres françaises du XIXème siècle,* Op. cit.) où cet auteur essaie de définir les deux termes, surtout *Sahara*: " Géographiquement, le Sahara commença à Boghar, c'est-à-dire que là finit la région montagneuse des terres cultivables... Sahara viendrait de *Sehaur* (*Suhûr*), moment difficile à saisir qui précède le point du jour et pendant lequel on peut, en temps de jeûne, encore manger, boire et fumer ".

141 Parlons tout d'abord de la racine de ce terme.

Le verbe *saqâ'* d'où vient ce terme existait déjà au Moyen âge en Sicile. Le (SICU) " *saccaru* di campu, lixa, ae " cioè 'vivandiere, che ha cura di dare da bere ai soldati nel campo' (Pasqualino IV 312), 'acquaiolo, venditore d'acqua' *sakká* (à Crotone) 'venditore d'acqua' (Rohlfs 446) remontent à l'ar. *saqqâ* 'porteur d'eau' (Pellegrini l. c.) qui est de la même racine que le v. ar. *saqà* 'rigavit, potum aquamve praebuit, propinavit', 'indidit aquam in utrem' (Freytag II 330b).

Ce terme arriva seulement dans le Sud de l'Italie où cette pratique de l'eau existait déjà depuis l'Antiquité - il existait il y a quelques années en Tunisie, surtout à la grande mosquée de Kairouan. Des emprunts indépendants du Sicilien se trouvent dans l'(ESPA) *azacán* 'aquador' (1280), le (PORT) *açacal* (1408, Machado I 41). A travers le turc *saka* 'portatore d'acqua, acquaiolo' (Angelico Da Smirne, 698), il y a la voix du roumain *saca* 'Wasserkarren - foss der Wasserträger', *sacagiù* 'Wasserträger' (Lokotsch 1976), le serbo-croate *saka* 'porteur d'eau', 'carro per il trasporto d'acqua da bere' également (Pellegrino I 39).

La voix ar. *sâqiya* (sa:qiya:) existait en Sicile sous la forme de (SICU) *zacchia* 'fossa per estrarre l'acqua de' campi: fossa, fossato' (Pasqualino V 380), 'spazio di terreno cavato per lungo per ricevere e fare scorrere l'acqua: fossa, zana' (Traina 1112 ; avec *z*- sourde, Traina, *Voc.* 489) ; 'canale d'irrigazione' (Pellegrini I 152, 271). Ce terme exista à Malte sous *saqja* 'irrigazione, annaffiamento', 'abbeveramento' (Barbera III 958, Busuttil 268). Puis le terme passa dans l'ibérico-roman comme (ESPA) *acequia* (1er doc. *cequia* 1140, Corominas... I 121), (CATL) *sèquia*, *siquia* (1er doc. 1200, Alcover-Moll IX 851, *cechia* 1094), (PORT) *acequia* (1er doc. 1200, Machado I 51).

On pense, enfin, que le terme arriva en France, directement de l'Egypte. Il dérive, à notre avis, de l'ar. (EGYP) *saghiya.*

142 Voir notre travail: " Les salutations au Maghreb. Le cas tunisien: les signes et la crainte révérentiels dans la politesse ", in *Quaderni di scienze*

antropologiche 7, Padova, 1982, pp. 198-213.

143 Attention, le terme ar. *zaytûn* ne désigne pas ici l'*olivier* mais le nom d'une ville chinoise, Tsia-Toung, où se fabriquait cette étoffe.

144 Terme de la pharmacopée médiévale.

(ITAL) *sebestèna* (1739) ; *sebèsten* (1er doc. *sebesten* in Giovanni da Parma, 1300) ; *sebèsta* (1879) ; *sabastân* 'prune' (Dozy I 625b).

145 Le terme existait aussi vers 1858 (cf. Flaubert, *Carnet n. 10*) en faisant allusion à la 'lagune de Tunis', que Flaubert avait traduit par 'le lac de Tunis' dans *Salammbô*.

146 On pense que ce terme est arrivé en premier temps en France par l'intermédiaire de l'Egypte (voir *supra* note de *Sakieh*) et puis de l'Afrique du Nord durant la colonisation (Algérie, surtout). On l'écrit de deux façons: *seghia* (Gide, *Les nourritures terrestres*) et *seguia*.

147 Le (SICU) *zicca* 'luogo dove si battono le monete: zecca' (Pasqualino V 389, Traina 1115) avec *sichoctu* 'chi la fa (la minuta): cudo onis, marculus, faber nummarius' (Scobar, in Pasqualino V 390, Trapani 506), etc. comme l'(ITAL) *zécca* (1er doc. 1300, Battisti-Alessio V 4110), le (PROV) *seca* (1300, Wartburg XIX 158-59), l'(ESPA) *ceca* (Corominas... I 745-46), etc. (cf. Lokotsch 1903) dérivent tous de l'ar. *sikka* 'typu monetalis', 'ferum quo dirhemis typus incuditur' (Freytag II 332a ; Pellegrini I 132, 346).

148 Terme très utilisé devant le nom d'un " Marabout ". Exemple: *Sidi Abdelkader al-Jilani*. Voir textes des voyageurs français du XIXème siècle et notre *Introduction*.

149 La forme de l'(ITAL) *sciroppo* (1er doc. 1300, Battisti-Alessio V 3403), du (FRAN) *sirop, syrop*, (PROV) *sirop* (Wartburg XIX 170-71), (PRVL) *eissarop*, (CATL) *xarop*, (PORT) *xarope*, etc. (cf. Lokotsch 1838) fait penser aussi à un autre intermédiaire, le (LATM) *siruppus* 'jusculum medicum' (Du Cange VIII 497), *syrupus* 'id' (ib. 693) même *syropus* 'potion' (Niermeyer 974).

L'emprunt est direct à l'(ESPL) *jarabe* [1e doc. 1270, environ ; mais aussi (ESPA) *xrope* depuis 1200, Corominas... II 1036]. Idem pour la Sicile où le terme *sciarabba* 'vino' a évolué en *scialabba, sciallaba* (Pelligrini I 206).

150 Voir plus bas *sultan*.

151 On dit aussi en français *Soudanien, ienne*.

152 Voir notre travail " Il Marabuttismo in Tunisia ", in *Quaderni di Scienze antropologiche*, 4, Padova 1980, pp. 164-196.

153 Ce terme arrive en Occident avec Marco Polo en 1298: *Soltan*.

154 Ce terme arrive en Europe à travers la Sicile. En (SICU) *summaccu* 'pianta comunissima in Sicilia, la foglia secca e macinata s'adopera a conciar pelli: sommacco' (Traina 995), Calabrais *summaccu* (Rohlfs 701) comme (ITAL) *sommacco* (1er doc. 1300, Battisti-Alessio 3540), (PROV), (FRAN) *sumac*, (ESPA) *zumaque*, etc. (Lokotsch 1946) ; (cf. aussi Pellegrini I 195).

155 On rencontre ce terme dans les textes des voyageurs français du XIXème siècle en Algérie, notamment chez Eugène Fromentin. Ce terme a changé depuis. Il existe aujourd'hui sous une autre forme: *taleban* ou *taliban*

pour désigner les fondamentalistes afghans en armes.

156 Attesté à Gênes depuis 1210 (Pellegrini I 92, 363), le (LATM) *tarida* est fréquent dans plusieurs variations des langues romanes (Du Cange VIII 33, Niermeyer 1014) et desquelles *tarida* serait justement celui du (CATL) oriental (Corominas... IV 382). Le terme se trouve dans des documents de l'Italie méridionale: cf. (1239 - de Sarzana): " ordinasti ut *teride* tres et varketta una in Gajeta, *teride* tres in Neapoli, *teride* tres et varketta una in Castro Mari [...] fierent " (Huillard-Bréholles V 576) etc. Du reste, ce type de barque, de forme plate, remorquée par une galère, appropriée au transport des troupes, chevaux et matériaux divers, était très connu dans les pays de langue romane. En Italie *tarida* (Battisti-Alessio V 3721), *terida* (ib. 3759), *terrata* (ib. 3765), *trita* (1269 à Naples, ib. 3907) ; en France (PRVA) *tarida* (1200), (FRAA) (1er doc. 1246, Wartburg XIX 184) ; en Espagne, ancien (CTAL) *tarida* (1200, Alcover-Moll X 157), (ESPA) *tarida* (1er doc. 1200 Corominas... l. c.) ; au Portugal, (PORT) ancien *tarida* (Lokotsch 2036) etc. On pense que le terme arabe ait pu atteindre l'Europe suivant deux voies: l'Italie (Gênes) et la Catalogne.

157 A Messina (en Sicile), 1338: " Item si alcuna pirsuna fa vindiri carni di boy in li buchirii di Li Iudei et eschali tachura et *tarifa* et moyra pir una manu et vindasi in una putiga pir manu di unu ministrali, pagi a lu cabellotu pir putiga una, sicundu esti lu iornu " (Li Gotti 60).

En rapport au contexte linguistique et extralinguistique précédemment cité, on a pu attribuer dès le XIVème siècle, en Sicile à l'adjectif *tarifa* la signification de 'fraîche', 'fresca' répondant à l'ar. *tarîfa*, fem. de *tarîf* que Dozy (II 38b) retient d'origine juive dans l'acception de 'la chair d'animaux tués par des bouchers juifs', tout en étant régulièrement enregistré sous *tarîf* 'recens acquisitus, de opibus' (Freytag III 50b), 'curious, strange, odd, novel, exquisite, singular', *tarîfa* 'rare, exquisite thing' (Wehr 653b), de la racine *tarafa* (Freytag III 50a).

Du sicilien à l'italien et de là au français.

158 Ce terme est arrivé par l'intermédiaire du (TURC) *tas* 'scodella, ciotola di metallo' (Angelico Da Smirne 792) aux langues balcaniques, d'où le roumain *tas*, etc. (Lokotsch l. c.). Mais, c'est, d'après l'attestation que nous avons jusqu'ici, grâce à la France, que ce terme passe dans toutes les langues européennes.

(PRVA) *tas(s)a* (depuis 1300) ; (FRAA) (1150 ou 1180 (?) Wartburg XIX 185-86) ; (CATL) *tassa* (1er doc. 1410) ; (ESPA) *taza* (1er doc. à Séville 1272 Corominas... IV 403-4) ; (PORT) *taça* (1er doc. 1400, Machado II 2036), etc. (Lokotsch 2044).

159 Voir *targui.*

160 Terme entré dans le français durant la colonisation algérienne. D'abord dans les rapports militaires, ensuite par l'intermédiaire des voyageurs français. Il indiquait en arabe algérien le *guérisseur.* Aujourd'hui, le *médecin.*

161 Le (SICU) *turcimannu* 'interprete, quegli che parla, o risponde in vece di colui, che non intende il linguaggio' (Pasqualino V 264) dérive de l'ar. *targumân, turgumân, targamân* 'interpres linguae' (Freytag I 188b), *turgumân*

'translator, interpreter' (Wehr 112b), de la même racine *targama* d'où dérive *targima* 'traduction' (Kazim. I 195b), 'l'emploi de drogman' (Dozy I 143b), 'translation', 'interpretation' (Wehr 112b), d'où l'(ITAL) *turcimanno* 'interprete' (1er doc. 1300, Battisti-Alessio V 3932-33), Sard. ancien *turèimannu* 'id.' (Wagner II 535), (LATM) *turchemannus* (Du Cange VIII 211), à Pise (1234) *trucimanis* (Pellegrini II 434), en Ligure (1236) *torcimanus* (ib. 359), à Venise (1217?) (du Caire) *turcimannus* (Cortelazzo, *Arab.* 97), (FRAN) *trucheman* (1er doc. 1300), (PRVL) *trocheman* (1400, Wartburg XIX 182), (ESPA) *truchimán* [provenant du (FRAN) ; mais 1er doc. *trujmán* est de 1300, environ, Corominas... IV 616], (PORT) *turgimão* (1er doc. 1300, Machado II 2126), en Sicile (1103, Cusa 554). Voir aussi plus haut *Drogman.*

Pour ce qui est de la concurrence avec les influences du terme arrivé directement des pays arabes - véhicule: les croisades - voir surtout (Wartburg l. c.) ; par voies commerciales et ample diffusion en Europe, voir (Lokotsch 2033) ; et ceux par le moyen du grec médiéval (Corominas... l. c.) ; du vénitien selon (Kriarás l. c.), du grec moderne *id* (Andriotis 85).

162 Terme d'usage universel (Lokotsch 2110).

(ITAL) *turbitti* (1544, Battisti-Alessio V 3931), *turpéto* (ib. 3935) viennent de l'ar. *turbad* 'radicis Iudicae purgantis nomen, vulgo turbid' (Freytag I 188a, *turbid* Steiger *Contrib. 135).*

163 Voir *Marabout* et notre travail sur " Il Marabuttismo... ", Op. cit.

164 L'on sait que le mouvement d'emprunts au *latin* s'accrut dans la première moitié du XVIème siècle, d'un mouvement parallèle d'emprunts au *grec.* Déjà, au XIVème siècle, la source grecque s'était fait jour à travers les traductions latines d'Aristote, chez Oresme, évêque de Lisieux et l'un des plus importants traducteurs français du Moyen âge. A partir du XVIème siècle, sous l'influence des progrès scientifiques et du développement de l'humanisme érudit, le grec, langue de la médicine aussi bien que de la philosophie et de la poésie, a fourni un grand nombre de mots nouveaux à la langue française souvent dérivés ou composés, qui se sont d'autant mieux intégrés à la langue qu'ils avaient souvent subi une transposition latine ou arabe avant d'être francisés.

165 Cette liste n'est guère exhaustive quoique très étendue. Nous n'y avons enregistré la totalité du vocabulaire général employé de nos jours aux divers niveaux de l'idiome, du français académique au français populaire, ainsi que l'essentiel des lexiques techniques et scientifiques contemporains, répertoriés jusque dans leurs termes les plus récents. Nous nous sommes fixé pour règle de n'omettre aucun des mots relevés dans les trois dictionnaires que nous avons cité dans notre *Introduction*, à savoir le *Grand Larousse de la langue française* (7 vol.), le *Grand Robert de la langue française* (9 vol.) et le *Trésor de la langue française* (13 vol.).

166 Comme nous l'avions anticipé dans nos notes, certains mots appartiennent au siculo, à l'ancien italien, vénitien ou gênois, au lombard ou au toscan (cf. liste alphabétique et notes relatives).

BIBLIOGRAPHIE GÉNÉRALE

Archivio storico per la Sicilia orientale, Catania, 1904 ss.
Bollettino dell'Atlante linguistico mediterraneo, Venezia-Roma, 1959 ss.
Bollettino del Centro di studi filologici e linguistici siciliani, Palermo, 1953 ss.
Studi glottologici italiani, Palermo, 1899 ss.
Acta Curiae felicis Urbi Panormi, I. *Registri di lettere, gabelle e petizioni (1274-1321)*, a c. di Pollaci Nuccio F., Gnoffo D., Palermo, 1892 (rist. anast. Palermo, 1982).
Alcover A. M., De B. Moll F., *Diccionari català-valencià-balear*, Palma de Mallorca, 1927-62.
Alessio G., *Nuove postille al* Dizionario etimologico italiano, in "Boll.", VI, 1962 (*Saggi e scritti in memoria di E. Li Gotti*, I), 58-110.
Alessio G., *Problemi di etimologia italiana*, Napoli, 1967.
Alessio G., *Saggio di toponomastica calabrese*, Firenza, 1939.
Amari M., *Biblioteca arabo-sicula* (traduzione e commento), Roma-Torino, 1880-81.
Amari M., Dufour A.H., *Carte comparée de la Sicile moderne avec la Sicile au XIIème siècle d'après Edrisi et d'autres géographes arabes.* Notice par M. Amari, Paris, 1859.
Amari M., *Storia dei Musulmani di Sicilia,* 2° ed. a c. di Nallino C.A., Catania, 1933-39.
Ambrosini R. *Stratigrafia lessicale di testi siciliani dei secoli XIV e XV*, Palermo, 1977.
Aretii CL. M., *De situ Insulae Siciliae liber*, in *Bibliotheca historica Regni Siciliae*, ed. J.B. Caruso, Palermo, 1723, I, 1-29.
Avolio C., *Di alcuni sostantivi locali del siciliano*, in "Archivio storico siciliano", nuova ser., XIII, 1888, 369-398.
Avolio C., *Introduzione allo studio del dialetto siciliano*, Noto, 1882 (rist. Palermo, 1975).
Avolio C., *Saggio di toponomastica siciliana,* in "Archivio glottologico italiano", suppl. VI, 1898, 71-118.
Barbera G., *Dizionario maltese-arabo-italiano,* Beyrouth, 1939-40.
Barberi G.L., *Beneficia ecclesiastica*, a c. di Peri I., Palermo, 1962-63.
Barberi G.L., *I Capibrevi*, a c. di Silvestri G., I. *I feudi del Val di Noto*, Palermo, 1879; II. *I feudi del Val di Demina*, 1886; III. *I feudi del Val di Mazzara*, 1888.

Bassols de Climent M., *Glossarium Mediae Latinitatis Cataloniae*, Barcelona, 1960 ss.
Battaglia di Nicolosi G., *I diplomi inediti relativi all'ordinamento della proprietà fondiaria in Sicilia sotto i Normanni e gli Svevi*, Palermo, 1895-96.
Battaglia S., *Grande dizionario della lingua italiana*, Torino, 1961 ss.
Battisti C., Alessio G., *Dizionario etimologico italiano*, Firenze, 1950-57.
Battisti C., Furlani G., *Sull'etimologia di ar.* qutn '*cotone'*, in "L'Italia dialettale" III, 1927, 234-246.
Beccaria G.L., *Spagnolo e Spagnoli in Italia*, Torino, 1961.
Bertoldi V., *Regionalismi arabi nel romanzo*, in "Rivista degli Studi orientali" XIII, 1931-32, 367-376.
Bibliotheca Scriptorum qui res in Sicilia gestas sub Aragonum imperio retulere, ed. R. Gregorius, Panormi, 1791-92.
Bigalke R., *Dizionario dialettale della Basilicata*, Heidelberg, 1980.
Biundi G., *Vocabolario manuale completo siciliano-italiano*, Palermo, 1856.
Bloch O., v. Wartburg W., *Dictionnaire étymologique de la langue française*, Paris, 1968.
Bresc G., Bresc H., D'Angelo F., *Nomi e cose del Medioevo: i recipienti siciliani*, in "Medioevo romanzo" VI, 1979, 135-158.
Bresc H., *Filologia urbana: Palermo dai Normanni agli Aragonesi*, in "Incontri meridionali. Rivista di Storia e Cultura", ser. III, 1-2, 1981, 8-42.
Bresc H., Goitein D., *Un inventaire dotal de Juifs siciliens (1479),* in "Mélanges de l'Ecole française de Rome" LXXXII, 1970, 903-917.
Bresc H., *Il vocabolario della pesca nella Sicilia del '300 e del '400*, in BALM XVI-XVII, 1974-75, 11-23.
Bresc H., *Les jardins de Palerme (1290-1460)*, in "Mélanges de l'Ecole française de Rome", 1972, 55-127.
Brighenti E., *Dizionario greco moderno-italiano e italiano-greco moderno*, Milano, 1927.
Burgarella P., *Le imbreviature del notaio Adamo de Citella a Palermo (1° registro: 1286-1287),* Roma, 1981 (v. registri: Id., *Il protocollo del notaio Adamo de Citella dell'anno 1286-87*, in "Archivio storico per la Sicilia orientale", Catania, LXXV, 1979, 435-553).
Burgarella P., *Le pergamene del Monastero della Martorana*, in Archivio storico siciliano, ser. IV, 1978, 55-110.
Busuttil E.D., Kalepin. *Dizzjunarju malti-inglìz*, Malta, 1977.
Caracausi G., *Il valore di î nei documenti medievali italogreci e il pro-*

blema delle affricate, in "Bizantino-Sicula II. Miscellanea in memoria di G. Rossi Taibbi", Palermo, 1975.
Caracausi G., *Stratificazione della toponomastica siciliana*, in AA. VV., *La toponomastica come fonte di conoscenza storica e linguistica,* Pisa, 1981, 107-144.
Carini I., *Un testamento del 1376*, in "Archivio storico siciliano", I, 1876, 332-341.
Ciccarelli D., *Pergamene dell'Archivio di S. Francesco di Messina nel Tabulario di S. Maria di Malfinò (1240-1320),* in "Atti dell'Accademia Peloritana", Cl. di Lettere, Filosofia e Belle Arti LI, 1973-74, 191-248; Id, *Id (1320-1615),* ib. LII, 1974-75, 7-93.
Codex Messanensis Graecus 105, a c. di Cantarella R., Palermo, 1937.
Codice diplomatico amalfitano, a c. di Filangieri di Candida R., Napoli, 1917.
Codice Diplomatico Barese, edito dalla Società di Storia Patria per la Puglia, Bari, 1897 ss.
Codice Diplomatico Brindisino, edito dalla Deputazione di Storia Patria per le Puglie, sez. di Brindisi, Trani, 1940-64.
Cohen H.J., *The economic background and the secular occupations of muslin Jurisprudents and Traditionist in the classical period of Islam (until the middle of eleventh century)*, in "Journal of the economic and social History of the Orient", XIII, 1970, 16-61.
Colin G.S., *Noms d'artisans et de commerçants à Marrakech*, in "Hespéris", XII, 1931, 229-240.
Columba G.M., *Per la topografia antica di Palermo,* in Centenario della nascita di M. Amari, Palermo, 1910, II, 395-426.
Consuetudini e Capitoli municipali, fasc. I. Di Giovanni V.*, Capitoli, Gabelle e Privilegi della Città di Alcamo,* Palermo, 1876, 1-108; fasc. II. Tirrito L., *Statuti, Capitoli e Privilegi della Città di Castronovo in Sicilia*, 1877, 109-232; fasc. III. Flandina A., Statuti, *Ordinamenti e Capitoli della Città di Polizzi*, 1884, 233-288.
Consuetudini e privilegi della Città di Messina, sulla fede di un codice del XV secolo posseduto dalla Biblioteca comunale di Palermo, a c. di Starrabba R., Palermo, 1901.
Corominas J.*, Diccionario critico etimológico de la lengua castellana*, Berna, 1954 (rist. 1970).
Corominas J., Gulsoy J., Cahner M., *Diccionari etimològici complementari de la llengua catalana*, Barcellona, 1980 (voll. 2: A-CU).
Corominas J., Pascual J.A., *Diccionario critico etimológico castellano e*

hispánico, Madrid, 1980-81, (voll. 4: A-RE).
Corriente F., *A grammatical sketch of the spanish arabic dialect bundle*, Madrid, 1977.
Cortelazzo M., *Arabismi di Pisa e arabismi di Venezia,* in "Lingua nostra", XVIII, 1957, 95-97.
Cortelazzo M., *Corrispondenze italo-balcaniche nei prestiti del turco*, in "Omagiu lui Alexandru Rosetti", Bucuresti, 1965, 147-152.
Cortelazzo M., Zolli P., *Dizionario etimologico della lingua italiana*, Bologna, 1979-80 (voll. 2: A-H).
Cosentino G., *Codice diplomatico di Federico III di Aragona re di Sicilia (1355-1377),* I, Palermo, 1885.
Curti L., *Antichi testi siciliani in volgare*, in "Studi mediolatini e volgari", XX, 1972, 49-139.
Cusa S., *I Diplomi greci ed arabi di Sicilia*, Palermo, 1868-82.
Cusa S., *Sul libro delle Palme. La palma nella poesia, nella scienza e nella storia siciliana*, in "Archivio storico siciliano", I, 1873, 13-34, 309-369.
D'Aleppo G.M., Calvaruso G.M., *Le fonti arabiche del dialetto siciliano*, Roma, 1910.
D'Ascoli F., *Dizionario etimologico napoletano*, Napoli, 1979.
Dal "Declarus" di A. Senisio. I vocaboli siciliani, a c. di Marinoni A., Palermo, 1955.
Dauzat A., *Dictionnaire étymologique des noms de famille et prénoms de France*, Paris, 1951.
De Barberiis J.L., *Liber de Secretiis,* a c. di Mazzarese Fardella E., Milano, 1966.
De Bartholomaeis V., *Contributi alla conoscenza de' dialetti dell'Italia meridionale ne' secoli anteriori al XIII, II. Spoglio del 'Codex Diplomaticus Cajetanus',* in "Archivio glottologico italiano", XVI, 1902, 9-27.
De Bartholomaeis V., *I. Spoglio del 'Codex Diplomaticus Cavensis'*, ib. XV, 1901, 247-274, 327-362.
de Biberstein Kazimirski A., *Dictionnaire arabe-français*, n. ed., Paris, 1960.
De Felice E., *Dizionario dei cognomi italiani*, Milano, 1978.
De Felice E., Duro A., *Dizionario della lingua e della civiltà italiana contemporanea*, Palermo, 1974.
De Fiore O., *Toponomastica di Pantelleria*, in "Archivio storico per la Sicilia orientale", XXVII, 1930, 242-262.
De Gregorio G., *Contributi al lessico etimologico romanzo, con parti-*

colare considerazione al dialetto e ai subdialetti siciliani, in Studi glottologici italiani II, Palermo, 1903, 253-289.
De Gregorio G., *Il Codice De Cruyllas-Spatafora in antico siciliano del secolo XIV, contenente la Mascalcia di Giordano Ruffo,* in "Zeitschrift für romanische Philologie", XXIX, Tübingen, 1905, 566-606.
De Gregorio G., *Nuovi contributi alla etimologia e lessicografia romanza, con ispeciale riguardo ai dialetti siciliani*, in Studi glottologici italiani III, Palermo, 1903, 253-289.
De Gregorio G., *Nuovo gruzzoletto di voci arabo-sicule*, in "Zeitschrift für romanische Philologie", XLIX, Tübingen, 1929, 528-531.
De Gregorio G., Seybold Chr. R., *Glossario delle voci siciliane di origine araba*, in "Studi glottologici italiani", III, Palermo, 1903, 225-251.
De Gregorio G., Seybold Chr. R., *Sugli elementi arabi nel dialetto e nella toponomastica dell'Isola di Pantelleria,* in "Studi glottologici italiani", II, Palermo, 1901, 225-238.
De Grossis J.B., *Catanense Decachordum sive novissima sacrae Ecclesiae Catanensis notitia,* tomus prior, Lugduni Batavorum, s.d.
De Rebus Regni Siciliae (9 settembre 1282- 26 agosto 1283). Documenti inediti estratti dall'Archivio della Corona d'Aragona e pubblicati dalla Sovrintendenza agli Archivi della Sicilia, Palermo, 1882. Segue *Appendice ai Documenti inediti…*, a c. di Silvestri G., ib., 1892, con propria numerazione delle pagine.
De Simone A., *Palermo nei geografi e viaggiatori arabi del Medioevo*, in "Studi maghrebini", II, 1968, 129-189.
De Simone A., *Spoglio antroponimico delle giaride arabo-greche dei Diplomi editi da S. Cusa*, parte I, Roma, 1979.
De Vio M., *Felicis et fidelissimae Urbi Panormitanae privilegia*, Panormi, 1706.
Del Giudice M., *Notizie dello stato antico e presente delle possessioni e diocesi dell'Arcivescovado di Monreale*, in "Lello", con propria numerazione delle pagine.
Del Giudice M., *Privilegi e Bolle della fondazione e dotazione della metropolitana Chiesa e Monasterio di Monreale,* in "Lello", con propria numerazione delle pagine.
Devic L.M., *Dictionnaire étymologique des mots français d'origine orientale*, Paris, 1876, (rist. anast. Amsterdam, 1915).
Devoto G., Oli G.C., *Dizionario della lingua italiana*, Firenze, 1971.
Di Giovanni V., *Contrade e rughe antiche, shera e sucac di Palermo esistenti nei secoli XII, XIII, XIV e XV,* in "Archivio storico siciliano",

XI, 1887, 263-385.
Di Giovanni V., *La topografia antica di Palermo,* 1889-90.
Diplomi inediti di re Carlo I d'Angiò riguardanti cose marittime, pubblicati da G. Del Giudice, Napoli, 1871.
Dozy R., *Dictionnaire détaillé des noms des vêtements chez les Arabes*, Beyrouth, 1845.
Dozy R., Engelmann W.H., *Glossaire des mots espagnols et portugais dérivés de l'arabe,* Leyde, 1869 (rist. anast. Amsterdam, 1915).
Dozy R., *Supplément aux dictionnaires arabes*, Leyde, 1881.
Du Fresne Du Cange C., *Glossarium ad scriptores mediae et infimae Graecitatis*, Lugduni, 1688 (rist. anast. Bologna, 1977).
Du Fresne Du Cange C., *Glossarium mediae et infimae Latinitatis,* Niort, 1883-87 (rist. anast. Bologna, 1971-72).
Egidi P., *Codice diplomatico dei Saraceni di Lucera*, Napoli, 1917.
Enciclopedia linguística hispaníca, dirigida por Alvar M., Badia A., De Balbin R., Lindley Cintra L.F., Madrid, 1960 ss.
Falcando U., *La Historia o Liber de Regno Sicilie e la Epistola ad Petrum Panormitane Ecclesiae thesaurarium,* a c. di Siragusa G.B., Roma, 1897.
Fallico G., *Le Carte Trabia nell'Archivio di Stato di Palermo*, in Archivio storico siciliano III, 1977, 77-163.
Faré P.A., *Postille italiane al "Romanisches etymologisches Wörterbuch" di W. Meyer-Lübke, comprendenti le "Postille italiane e ladine" di Carlo Salvioni*, Milano, 1972.
Fazello F.T., *De rebus Siculis,* con note di V.M. Amico, E. Statella, Catania, 1749.
Folena G., *Introduzione al veneziano "de là da mar"*, in "Bollettino dell'Atlante linguistico mediterraneo", X-XII, Venezia-Roma, 1968-70, 331-376.
Freytag G.W., *Lexicon arabico-latinum*, Halis Saxonum, 1830-34.
Gabotto F., *Inventari messinesi inediti del Quattrocento*, in "Archivio storico per la Sicilia orientale", Catania, III, 1906, 251-276; IV, 1907, 154-164, 339-346, 483-490.
Garofalo L., *Tabularium regiae ac imperialis Capellae collegiatae divi Petri in regio Panormitano palatio,* Panormi, 1835.
Garufi C.A., *Catalogo illustrato del Tabulario di S. Maria Nuova in Monreale,* Palermo, 1902.
Garufi C.A., *Censimento e catasto della popolazione servile. Nuovi studi e ricerche sull'ordinamento amministrativo dei Normanni in Sicilia nei*

secoli XI e XII, in “Archivio storico siciliano”, XLIX, 1928, 1-100.
Garufi C.A., *I documenti inediti dell'epoca normanna in Sicilia*, Palermo, 1899.
Genuardi L., *Terre comuni ed usi civici in Sicilia prima dell'abolizione della feudalità. Studi e documenti*, Palermo, 1911.
Giambruno S., Genuardi L., *Capitoli inediti delle Città demaniali di Sicilia*, I, Palermo, 1918.
Giambruno S., *Il Tabulario del Monastero di S. Margherita di Polizzi*, Palermo, 1909.
Giardina C., *Capitoli e privilegi di Messina*, Palermo, 1937.
Gioeni G., *Saggio di etimologie siciliane*, Palermo, 1885.
Girgensohn D., Kamp N., *Urkunden und Inquisitionen des 12. Und 13. Jahrhunderts aus Patti*, in “Quellen und Forschungen aus italienische Archiven und Bibliotheken”, XLV, 1965, 1-240.
Giuffrida A., *Il cartulario della famiglia Alagona di Sicilia. Documenti 1337-1386*, Palermo, 1978.
Giuffrida A., *Il libro dei conti dell'abate Angelo Senisio,* in “Bollettino del Centro di studi filologici e linguistici siciliani”, Palermo, XII, 1973, 151-166.
Giuffrida A., *La bottega dello speziale nelle città siciliane del ‘400*, in “Atti del Colloquio internazionale di Archeologia medievale”, Palermo, 1976, II, 465-504.
Giuffrida A., *Un calmiere del 1371 in volgare siciliano*, in “Bollettino del Centro di studi filologici e linguistici siciliani”, Palermo, XII, 1973, 340-345.
Giuffrida F., *I termini geografici dialettali della Sicilia*, in “Archivio storico per la Sicilia orientale”, Catania, X, 1957, 5-109.
Giunta F., Giordano M., Scarlata M., Sciascia A., *Acta Siculo-Aragonensia* I, 1. *Documenti sulla luogotenenza di Federico d'Aragona,* Palermo, 1972.
Giunta F., Giuffrida A., *Acta siculo-Aragonensia II. Corrispondenza tra Federico III di Sicilia e Giacomo II d'Aragona,* Palermo 1972.
Giunta F., *Un gruppo di lettere in siciliano di Eleonora d'Aragona (24 marzo 1375)*, in “Bollettino del Centro di studi filologici e linguistici siciliani”, Palermo, XII, 1973, 346-53.
Godefroy F., *Dictionnaire de l'ancienne langue française et de tous ses dialectes*, Paris, 1880-1902.
Grégoire H., *Diplômes de Mazara (Sicile),* in “Annuaire de l'Institut de Philologie et d'Histoire Orientales”, 1932-33, Bruxelles, 1932, 79-107.
Guarneri A., *Un diploma di grazie e privilegi municipali concessi nel*

1393 dai magnifici Conti di Peralta alla città di Calatafimi, in Archivio storico siciliano, XIV, 1889, 293-314.

Guillaume de Pouille, *La Geste de Robert Guiscard*, a c. di Mathieu M., Palermo, 1961.

Guillou A., Holtzmann W., *Zwei Katepans-urkunden aus Trikarico*, in "Quellen und Forschungen…", XLI, 1961, 1-28.

Guillou A., *La théotokos de Hagia-Agathè (Oppido) (1050-1064/1065)*, Città del Vaticano, 1972.

Guillou A., *Le Brébion de la Métropole byzantine de Région (vers 1050)*, Città del Vaticano, 1974.

Guillou A., *Les Actes grecs de S. Maria di Messina*, Palermo, 1963.

Guillou A., *Saint-Nicolas de Donnoso (1031-1060/1061*), Città del Vaticano, 1967.

Guiraud P., *Les mots étrangers*, Paris, Larousse, 1965.

Gulotta P., *Le imbreviature del notaio Adamo de Citella a Palermo (2° registro: 1298-1299)*, Roma, 1982 (v. anche regesti: Starrabba R., *Catalogo ragionato di un protocollo del notaio Adamo de Citella dell'anno di XII indizione 1298-99, che si conserva nell'Archivio Comunale di Palermo*, in "Archivio storico siciliano", XII, 1887, 56-70, 366-375, 394-400; XIII, 1888, 73-88, 291-306, 443-450; XIV, 1889, 165-182).

Holtzmann W., *Papst, Kaiser und Normannenurkunden aus Unteritalien*, in "Quellen und Forschungen…", XXXV, 1955, 46-85.

Hope T.E., *Lexical Borrowing in Romance Languages*, Tome I et II, Oxford, 1974

Huillard-Bréholles J.L.A., *Historia diplomatica Friderici Secundi*, Parigi, 1852-61.

I Diplomi arabi del R. Archivio fiorentino. Testo originale con la traduzione letterale e illustrazioni di Amari M., Firenze, 1863.

I Diplomi della Cattedrale di Messina raccolti da A. Amico, pubblicati da un codice della Biblioteca comunale di Palermo e illustrati da R. Starrabba, Palermo, 1876-90.

I documenti originali dei re normanni di Sicilia, a c. di De Stefano A., Bartoloni B., in "Archivio paleografico italiano", XIV, fasc. 60-61, tavv. 1-39, Roma, 1954; si citano dalle trascrizioni di V. De Donato, in "Bullettino dell'Archivio Paleografico Italiano", n. ser., I, 1955, 143-186.

Il codice Filangieri e il codice Speciale. Privilegi inediti della città di Palermo, a c. di Flandina A., Palermo, 1891.

Il registro notarile di Giovanni Maiorana (1297-1300), a c. di de Stefano A., Palermo, 1943 (nuova ed.: *Il registro del notaio ericino*

Giovanni Maiorana (1297-1300), a c. di Sparti A., Palermo, 1982).
Ineichen G., *La tradizione araba come problema filologico e linguistico,* in *Atti del XIV Congresso intern. di Linguistica e Filologia romanza (Napoli, 15-20 aprile 1974),* I, Napoli, 1978, 389-397.
Informazioni dallo schedario del Centro di studi filologici e linguistici siciliani, "Opera del Vocabolario siciliano", diretta da G. Tropea.
Jaberg K., Jud J., *Sprach- und Sachatlas Italiens und der Südschweiz*, Zofingen, 1928-40.
Jost U.S., *Die galloromanischen Lehnwörter in Süditalien*, Basel, 1967.
Kehr K.A., *Die Urkunden des Normannisch-sicilischen Könige.* Innsbruck, 1902.
La conquesta di Sichilia per li Normandi, translatata per frati Simuni da Lentini, a c. di Rossi Taibbi G., Palermo, 1954.
La Cronaca Siculo-Saracena di Cambridge, con doppio testo greco, a c. di Cozza Luzi G., Palermo, 1890.
La Mantia G., *Codice diplomatico dei re aragonesi di Sicilia, I. (1282-1355*), Palermo, 1918; *II (1291-1292)*, a c. di De Stefano A. e Giunta F., Palermo, 1956.
La Mantia G., *Le Pandette delle Gabelle regie antiche e nuove di Sicilia nel sec. XIV*, Palermo, 1906.
Lagumina B. e G., *Codice diplomatico dei Giudei di Sicilia*, Palermo, 1884-95.
Lane E.W., *An Arabic-English Lexicon*, London, 1863-74.
Lannhy A., *Le français de l'Afrique du Nord (Algérie-Maroc)*, P.U.F.,1962.
Lanza di Scalea P., *Donne e gioielli in Sicilia nel Medio Evo e nel Rinascimento*, Palermo-Torino, 1892 (rist. anast. Bologna, 1971).
Lello G.B., *Descrizione del real tempio e monastero di Santa Maria la nova di Monreale... ristampa d'ordine dell'abbate don G. Ruano...*, a c. di Del Giudice M., Palermo, 1702 (v. anche Lello G.B., *Historia della Chiesa di Monreale*, ris. anast. dell'edizione del 1596, premessa una nota di G. Schirò, Bologna, 1967).
Leonti F., *Codice diplomatico di Alfonso il Magnanimo*, Palermo, 1891.
Lettere e documenti della Regina Bianca vicaria del regno di Sicilia (1411-1412), a c. di Starrabba R., Palermo, 1887-88.
Li Gotti E., *Volgare nostro siculo. Crestomazia dei testi in antico siciliano del secolo XIV,* parte I. *Testi non letterari*, Firenze, 1951.
Libru di li vitii et di li virtuti, a c. di Bruni F., Palermo, 1973.
Libru di lu transitu et vita di misser sanctu Iheronimu, a c. di Di

Girolamo C., Palermo, 1982.
Lionti F., *Le società dei Bardi, dei Peruzzi e degli Acciaiuoli in Sicilia*, in "Archivio storico siciliano", XIV, 1889, 195-212.
Lokotsch K., *Etymologisches Wörterbuch der europäischen Wörter orientalischen Ursprungs*, Heidelberg, 1927.
Lombardo A., *Un testamento e altri documenti in volgare siciliano del sec. XIV,* in "Bollettino del Centro di studi filologici e linguistici siciliani", Palermo, X, 1969, 46-83.
Machado J.P., *Dicionário etimológico da língua portuguesa*, Lisbona, 1952-59.
Malaterra G., *De rebus gestis Rogerii Comitis*, a c. di Pontieri E., Bologna, 1928.
Mauceri E., *Inventari inediti dei secoli XV e XVI,* in "Archivio storico per la Sicilia orientale", Catania, XII, 1915, 105-117; XIII, 1916, 182-190.
Mazzarese Fardella E., *I feudi comitali di Sicilia dai Normanni agli Aragonesi*, Milano, 1974.
Melazzo L., *Le glosse volgari nel codice criptense Gr. Z. Ü IV,* in "Bollettino del Centro di studi filologici e linguistici siciliani", Palermo, XIV, 1980, 37-112.
Ménager L.R., *Les Actes latins de S. Maria di Messina (1103-1250),* Palermo, 1963.
Ménager L.R., *Notes et documents sur quelques Monastères de Calabre à l'époque normande*, in "Byzantinische Zeitschrift" L, 1957, 7-30, 321-361.
Ménendez Pidal R., *Manual de gramática histórica española*, Madrid, 1951.
Ménendez Pidal R., *Origenes del español,* Madrid, 1968.
Mercati S.G., Giannelli G., Guillou A., *Saint-Jean-Théristès (1054-1264),* Città del Vaticano, 1980.
Meyer-Lübke W., *Romanisches etymologisches Wörterbuch*, Heidelberg, 1968.
Millunzi G., *Il tesoro, la biblioteca e il tabulario della chiesa di Santa Maria Nuova in Monreale...,* in "Archivio storico siciliano", XXVIII, 1903, 1-72; 249-459.
Mongitore A., *Bullae, Privilegia et Instrumenta Panormitanae metropolitanae Ecclesiae*, Panormi, 1734.
Monumenta historica sacrae Domus Mansionis SS. Trinitati, auctore A. Mongitore, Palermo, 1721.
Mortillaro V., *Nuovo dizionario siciliano-italiano,* Palermo, 1862.

Mortillaro V., *Opere* I, Palermo, 1843 (contiene alle pp. 155-490 il *Catalogo ragionato dei diplomi esistenti nel tabulario della metropolitana Chiesa di Palermo,* edito a Palermo nel 1842).
Mosino F., *Le origini del volgare in Calabria*, Reggio Calabria, 1981.
Nesser F., *Emprunts lexicologiques du français à l'arabe des origines jusqu'à la fin du XIXè S.*, Beyrouth, 1966.
Niermeyer J.F., *Mediae Latinitatis Lexicon minus*, Leiden, 1954-76.
Onomasticon Arabicum, a c. di Caetani L. e Gabrieli G., Roma, 1915.
P. Angelico da Smirne, *Nuovo Dizionario turco-italiano*, Reggio Emilia, 1955.
Pagliaro A., *Aspetti della storia linguistica della Sicilia: 1. L'elemento arabo.* - 2. Tintu "*cattivo*", in "Archivum Romanicum", XVIII, 1934, 355-380.
Palma G.B., *Thesaurus pauperum di Arnaldo di Villanova in dialetto siciliano, in un codice del secolo XIV*, in "Aevum" V, 1931, 401-478.
Pasqualino M., *Vocabolario siciliano etimologico, italiano e latino*, Palermo, 1785-95.
Paternò di Carcaci F., *L'inventario e il testamento di Alvaro Paternò,* in "Archivio storico per la Sicilia orientale", Catania, XXVI, 1930, 67-144.
Pellegrini G.B., *Gli arabismi nelle lingue neolatine con speciale riguardo all'Italia*, Brescia, 1972.
Pellegrini G.B., *Nomi arabi in fonti bizantine di Sicilia,* in Byzantino-Sicula II cit., 409-423.
Pellegrini G.B., *Postille etimologiche arabo-sicule*, in Bollettino del Centro di studi filologici e linguistici siciliani, Palermo, XII, 1973, 55-71.
Pellegrini G.B., *Voci marinaresche siciliane di origine araba*, in "Bollettino dell'Atlante linguistico mediterraneo", Venezia-Roma, XVI-XVII, 1974-75 (1978), 143-159.
Pellegrini G.B., *Voci orientali di mediazione araba nel Mediterraneo*, in "Bollettino dell'Atlante linguistico mediterraneo", Venezia-Roma, XIII-XV, 1971-73, 409-431.
Pellegrini G.B., *Gli arabismi nelle lingue neolatine. Con speciale riguardo all'Italia*, Paideia Editrice, Brescia, deux volumes, 785 pages, 1972.
Petri Hispani de lingua arabica, Göttingen, 1883.
Picone G., *Memorie storiche agrigentine*, Girgenti, 1866.
Pirri G., *Sicilia sacra*, Panormi, 1733.
Pitrè G., *Supplemento ai dizionari siciliani*, in Studi glottologici italiani VIII-IX, 1928, 1-119.

Poesie siciliane dei secoli XIV e XV, a c. di Cusimano G., Palermo, 1951-52.
Prati A., Falqui E., *Dizionario di marina medievale e moderno*, Roma, 1937.
Prati A., *Vocabolario etimologico italiano*, Torino, 1951.
Rationes decimarum Italiae nei secoli XIII e XIV. Sicilia, a c. di Sella P., Città del Vaticano, 1944.
Real Academia Española, *Diccionario de la lengua española*, Madrid, 1970.
Real Academia Española, *Diccionario histórico de la lengua española*, Madrid, 1972, ss. (a-alzo).
Regole, costituzioni, confessionali e rituali, a c. di Branciforti F., Palermo, 1953.
Rizzitano U., *A proposito di arabismi nel siciliano*, in "Bollettino del Centro di studi filologici e linguistici siciliani", Palermo, XII, 1973, 322-332.
Rizzitano U., *La cultura araba, normanna e sveva*, in AA.VV., *Storia della Sicilia* IV, Palermo, 1980, 57-139.
Rocco B., *Sic.* taciarari: *un arabismo*, in "Bollettino del Centro di studi filologici e linguistici siciliani", Palermo, XIV, 1980, 443-446.
Rohlfs G., *Die Quellen des unteritalienischen Wortschatzes*, in "Zeitschrift für romanische Philologie", XLVI, Tübingen, 1926, 135-164.
Rohlfs G., *Dizionario dei cognomi e soprannomi in Calabria. Repertorio storico e filologico*, Ravenna, 1979.
Rohlfs G., *Dizionario dialettale delle Tre Calabrie*, Halle-Milano, 1932-39.
Rohlfs G., *Dizionario toponomastico e onomastico della Calabria. Prontuario filologico-geografico della Calabria*, Ravenna, 1974.
Rohlfs G., *Grammatica storica dei dialetti italo-greci*, München, 1977.
Rohlfs G., *Grammatica storica della lingua italiana e dei suoi dialetti*, Torino, 1966-69.
Rohlfs G., *Lexicon Graecanicum Italiae inferioris. Etymologisches Wörterbuch der unteritalienischen Gräzität*, Tübingen, 1964.
Rohlfs G., *Nuovo dizionario dialettale della Calabria (con repertorio italo-calabro)*, Ravenna, 1977 (nuova ed. del DTC).
Rohlfs G., *Supplementi ai vocabolari siciliani*, München, 1977.
Rohlfs G., *Vocabolario dei dialetti salentini*, München, 1956-59.
Rollus rubeus. Privilegia ecclesiae cephaleditane a diversis regibus et imperatoribus concessa, recollecta et in hoc volumine scripta, a c. di Mirto C., Palermo, 1972.
Salomone Marino S., *Le pompe nuziali e il corredo delle donne siciliane*

nei secoli XIV, XV e XVI, in Archivio storico siciliano, I, 1876, 209-240.
Sampolo L., *Storia degl'Istituti femminili di emenda della città di Palermo dal sec. XVI al XIX,* in "Archivio storico siciliano", II, 1874, 289-344.
Samsó J., *Sobre la voz* kanīsa *en el baz dialectal hispanoárabe, con una digrésion en torno a "mezquita",* in "Al-Andalus", XLIII, 1978, 209-220.
Sanchís Guarner M., *El mozárabe peninsular*, in "Enciclopedia linguística hispaníca", I, 293-342.
Scarlata M., Sciascia L., *Documenti sulla luogotenenza di Federico d'Aragona (1294-1295),* Palermo, 1978.
Scaturro I., *Storia della Città di Sciacca e dei comuni della contrada saccense fra il Belice e il Platani...,* Napoli, 1925-26 (contiene, pp. 193-206, Sacco G., *Il dialetto di Sciacca e i nomi propri greci ed arabi*).
Scheludko D., *Ueber die arabischen Lehnwörter im Altprovenzalischen*, in "Zeitschrift für romanische Philologie", XLVIII, Tübingen, 1927, 418-442.
Schiaparelli C., *Vocabulista in Arabico pubblicato per la prima volta sopra un codice della Biblioteca Riccardiana di Firenze,* Firenza, 1871.
Schneider F., *Mittelgriechische Urkunden für San Filippo di Gerace*, in "Quellen und Forschungen...", X, 1907, 258-274.
Sciacca P.C., *Patti e l'amministrazione del comune del Medio Evo*, Palermo, 1907.
Scobar L.C., *Vocabularium Nebrissense ex Siciliensi sermone in latinum traductum,* Venetiis, 1519.
Siciliano Villanueva L., *Raccolta delle consuetudini siciliane*, Palermo, 1984.
Simonet F.J., *Glosario de voces ibéricas y latinas usadas entre los Mozárabes,* Amsterdam, 1967.
Sinopoli di Giunta P., *Tabulario di S. Maria Latina di Agira*, in "Archivio storico per la Sicilia orientale", Catania, XXIII, 1926, 135-190.
Sipione E., *Concessioni di terre ed enfiteusi nella contea di Modica,* in Archivio storico siciliano, III, 1977, 5-75.
Siragusa G.B., *Il regno di Guglielmo II in Sicilia,* Palermo, 1929.
Sornicola R., Varvaro A., *Vocabolario etimologico siciliano.* Fascicolo di saggio (*rabba-ruzzulari*), Palermo, 1975.
Spata G., *Diplomi greci siciliani inediti (ultima serie)*, Torino, 1871, ("Miscellanea di Storia italiana", XII).
Sposizione del Vangelo della Passione secondo Matteo, a c. di Palumbo P., Palermo, 1954-57.
Starrabba R., *Del dotario delle regine di Sicilia detto altrimenti Camera*

reginale, in "Archivio storico siciliano", II, 1874, 7-25, 196-203, 390-405.
Starrabba R., *Di alcuni contratti di matrimonio stipulati in Palermo nel 1298-99,* in "Archivio storico siciliano", VIII, 1883, 175-178.
Starrabba R., Tirrito L., *Assise e Consuetudini della Terra di Corleone,* Palermo, 1880.
Steiger A., *Arabismos,* in "Enciclopedia lingüística hispánica", II, 1, Madrid, 1962, 93-126.
Steiger A., *Aufmarschstrassen des morgenländischen Sprachgutes,* in "Vox romanica" X, 1948-49, 1-62.
Steiger A., *Contribución a la fonética del hispano-árabe y de los arabismos en el ibero-románico y el siciliano,* Madrid, 1932.
Tabulario di S. Filippo di Fragalà e Santa Maria di Maniaci, parte I. *Pergamene latine,* a c. di Silvestri G., Palermo, 1887.
Testa F., *Capitula Regni Siciliae quae ad hodiernum diem lata sunt,* Palermo, 1741-63.
Testo latino (Cusa 179-202) ed arabo (ib. 204-244; in Lello il solo testo latino) dell'atto di fondazione concesso nel 1182 da Guglielmo II al Monastero di S. Maria la Nuova in Monreale, con minuziosa descrizione dei confini dei possedimenti assegnati ad esso.
Touring Club Italiano, *Carta delle Zone turistiche d'Italia. Palermo, la Conca d'Oro e dintorni* (scala 1:50.000).
Touring Club Italiano, *Indice generale della Carta d'Italia del T.C.I. alla scala di 1:250.000,* a c. di Bertarelli L.V., Milano, 1916.
Traina A., *Nuovo vocabolario siciliano-italiano,* Palermo, 1890.
Traina A., *Vocabolarietto delle voci siciliane dissimili dalle italiane...,* nuova e con appendice, Palermo, 1888.
Trapani F., *Gli antichi vocabolari siciliani (Senisio, Valla, Scobar),* in Archivio storico siciliano, VII, 1941, 1-101: VIII, 1942, 129-284.
Trasselli C., *Domus, billacha, sikifa, kutuba, maccagnanu,* in Bollettino del Centro di studi filologici e linguistici siciliani, Palermo, I, 1953, 308-310.
Trasselli C., *La canna da zucchero nell'Agro palermitano nel sec. XV,* in "Annali della Facoltà di Economia e Commercio" di Palermo, VII, 1953, 115-124.
Trasselli C., *Sulla diffusione degli Ebrei e sull'importanza della cultura e della lingua ebraica in Sicilia, particolarmente in Trapani e in Palermo, nel sec. XV,* in "Bollettino del Centro di studi filologici e linguistici siciliani", Palermo, II, 1954, 376-382.
Trinchera F., *Syllabis Graecarum membranarum,* Napoli, 1865.
Tropea G., *Di alcuni aspetti della situazione lessicale nell'Isola di*

Pantelleria, in "Bollettino dell'Atlante linguistico mediterraneo", Venezia-Roma XVI-XVII, 1974-75, 161-191.

Trovato G., *Documenti arabo-siculi del periodo normanno,* Palermo, 1949.

Trovato G., *Sopravvivenze arabe nella toponomastica di Palermo,* in "Quaderni di Cultura", V, 1949 (estratto).

v. Heinemann L., *Normannische Herzogs- und Königsurkunden aus Unteritalien und Sicilien,* Tübingen Universitätprogr., 25 febr. 1899.

v. Wartburg W., *Französisches Etymologisches Wörterbuch,* Bonn-Berlin-Basel, 1928 ss (vol. XIX Orientalia, Basel, 1967).

Valeriu Maximu translatatu in vulgar messinis per Accursu di Cremona, a c. di Ugolini A., Palermo, 1967.

Valla N., *Vocabularium vulgare cum latino apposito...,* Venetiis, 1522 (rist. anast. Torino, 1966).

Varvaro A., *Esperienze sociolinguistiche contemporanee e situazioni romanze medievali. La Sicilia nel Basso Medioevo,* in *Lingua, Dialetti, Società. Atti del Convegno della Società italiana di Glottologia* (Pisa, 8-9 Dicembre 1978), Pisa, 1979, 29-55.

Varvaro A., *Lingua e storia in Sicilia,* Palermo, 1981.

Varvaro A., *Notizie sul lessico della Sicilia medievale,* I. *Francesismi,* in "Bollettino del Centro di studi filologici e linguistici siciliani", Palermo, XII, 1973, 72-104.

Varvaro A., *Prima ricostruzione dei catalanismi nel dialetto siciliano,* in "Medioevo romanzo" I, 1974, 86-107.

Varvaro A., *Profilo di storia linguistica della Sicilia,* Palermo, 1979 (dispense universitarie).

Varvaro A., *Storia politico-sociale e storia del lessico in Sicilia. A proposito del "Vocabolario etimologico siciliano",* in "Travaux de Linguistique et de Littérature" XIV, 1976, 85-104.

Vernet Ginés J., *Toponimia arábiga,* in Enciclopedia linguística hispanica I, Madrid, 1960, 561-578.

Vocabolario siciliano, a c. di Piccitto G., I, Catania-Palermo, 1977.

Wagner M.L., *Dizionario etimologico sardo,* Heidelberg, 1960-64.

Wagner M.L., recensione a Trapani (v. sopra), in Zeitschrift für romanische Philologie, LXIV, Tübingen, 1944, 153-168.

Wagner M.L., *Zu einigen arabischen Wörtern des Sizilianischen und Süditalienischen,* in "Zeitschrift für romanische Philologie", LII, Tübingen, 1932, 641-670.

Wehr H., *A Dictionary of modern written Arabic (Arabic-English),*

Wiesbaden, 1979.
Wettinger G., *Some Maltese medieval Place-names of archaeological interest,* in *Atti del Colloquio intern. di Archeologia medievale,* II, Palermo, 1976, 329-365.
White L.T., *Latin Monasticism in Norman Italy,* Cambridge, Mass., 1938.
Winkelmann E., *Bischof Harduin von Cefalù und sein Prozess,* in "Mitteilungen des Instituts für österreiche Geschichtsforschung", I. Ergänzungband, Innsbruck, 1885, 298-358.
Wörterbuch des klassischen arabischen Sprache, a c. di Kraemer J., Gätje H., Spitaler A., Ullmann M., Wiesbaden, 1957 ss. (*ka-lada'a*)
Zeitschrift für romanische Philologie, Tübingen, 1877 ss.

SOMMAIRE

589058 - Décembre 2014
Achevé d'imprimer par

1livre.com
du rêve à la réalité !